Ar y Lein Eto

Bethan Gwanas

Gwasg
Gwynedd

Argraffiad Cyntaf — Tachwedd 2006

© Bethan Gwanas 2006

ISBN 0 86074 235 0

Mae'r cyhoeddwyr yn cydnabod cefnogaeth ariannol
Cyngor Llyfrau Cymru.

*Cyhoeddwyd ac argraffwyd
gan Wasg Gwynedd, Caernarfon*

diolch

I Richard, Jonathan, Haydn, Heulwen a Sian am deithio efo fi ac am adael i mi sgwennu amdanyn nhw rŵan.

I Teledu Telesgop (a Sarah yn arbennig) am y trefniadau a'r sieciau.

I Aled Davies am roi ystadegau i mi ar adegau hurt.

I bawb y gwnes i eu cyfarfod ar y daith.

Ac i Richard (eto) am gael y syniad a rhoi'r cyfle i mi yn y lle cynta.

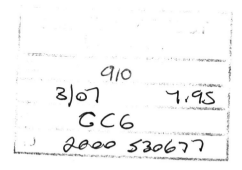

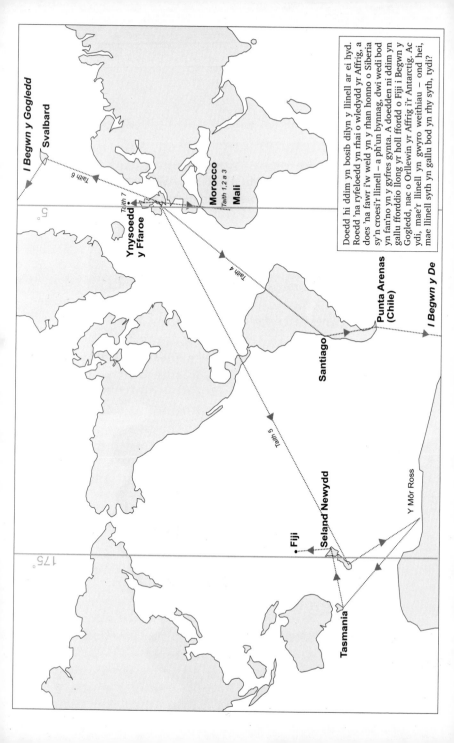

I Begwn y Gogledd

Svalbard

Taith 6

Taith 7

Ynysoedd
y Ffaroe

Morocco
Taith 1,2 a 3

Mali

Taith 4

Santiago

Punta Arenas
(Chile)

I Begwn y De

Taith 5

Fiji

Seland Newydd

Y Môr Ross

Tasmania

5°

175°

Doedd hi ddim yn bosib dilyn y llinell ar ei hyd. Roedd 'na ryfeloedd yn rhai o wledydd yr Affrig, a does 'na fawr i'w weld yn y rhan honno o Siberia sy'n croesi'r llinell – a ph'un bynnag, dwi wedi bod yn fan'no yn y cyfres gynta. A doedden ni ddim yn gallu fforddio llong yr holl ffordd o Fiji i Begwn y Gogledd, nac o Orllewin yr Affrig i'r Antarctig. Ac ydi, mae'r llinell yn gwyro weithiau – ond hei, mae llinell syth yn gallu bod yn rhy syth, tydi?

nodyn sydyn cyn dechrau . . .

Mae'r byd yn llyfr a dim ond darllen un dudalen
ohono fydd y rhai nad ydynt yn teithio.

Sant Awstin.

A bod yn gwbl onest efo chi, do'n i ddim ar dân isio
mynd rownd y byd yr eilwaith. Ar fy mhen fy hun, ia,
neu fel gwyliau lle ro'n i'n cael mynd yn ôl fy mympwy fy
hun; aros wythnos fan hyn os o'n i isio, ymlacio'n braf
heb fod ar frys i i wneud dim; ia, hyfryd, dim problem.
Ond i wneud cyfres deledu? Does 'na neb byth yn fy
nghredu i (ciw feiolins), ond roedd ffilmio'r gyfres gyntaf
ar hyd llinell lledred 52° wedi bod yn waith hynod o
galed ac ro'n i wedi cael pyliau ofnadwy o flinder a
hiraeth, ac wedi deud 'Oedd, roedd o'n brofiad, a diolch
am y siec, ond byth eto.' Ond pan glywais i'r geiriau:
'Seland Newydd, Fiji, yr Antarctig a'r Affrig', mi
ddechreuais i simsanu. A bellach dwi'n hynod, hynod
falch mod i wedi cytuno. Dilyn llinell hydred ro'n i y tro
yma, yn dechrau yn Abergwaun ar linell 5 gradd i'r
gorllewin, ac yn teithio am y de nes cyrraedd y pegwn ac
yna'n ôl i fyny'r ochr arall. Roedd dilyn llinell lledred 52
yn ddigon rhyfeddol, ond roedd y daith yma'n
wefreiddiol. A faint o bobl fedr ddeud eu bod wedi
teithio'r byd, ei led a'i hyd – yn llythrennol?

Roedden ni i gyd wedi dysgu cryn dipyn yn sgil y daith
gyntaf, wedi deall be oedd yn gweithio a be oedd ddim ar
daith o'r fath, ac yn fwy na dim, wedi sylweddoli mai
bodau dynol oedden ni, nid peiriannau. Mae 'na sens yn
y busnes gorffwys ar y seithfed dydd! Felly ro'n i'n cael

mynd adre'n llawer mwy aml rhwng cyfandiroedd y tro yma.

Mi wnes i gadw dyddiadur manwl unwaith eto, a hynny am sawl rheswm:

1. Er mwyn gallu ei gyhoeddi.
2. Er mwyn cofio pob dim.
3. Er lles fy iechyd – mae o'n gatharsis gwych.
4. Mae'n rhywbeth cadarnhaol i'w wneud yn ystod yr oriau hirfaith mewn meysydd awyr a stafelloedd gwesty diflas, unig (dwi'n clywed y feiolins eto).

Dyma fo – mwynhewch!

ewrop
cymru, cernyw a llydaw

30 Medi 2004

Mi fydd y criw ffilmio'n newid yn gyson ar hyd y daith, a dim ond tri ohonon ni sydd ar y daith gynta 'ma i Benfro, Cernyw a Llydaw: Richard Rees, Jonathan Lewis a fi. Richard ydi'r bòs, a'r prif ddyn camera, ond mae Jonathan wedi dysgu sut i'w drin yn eitha da bellach (Richard a'r camera) ac mae'r ddau'n rhannu'r gwaith ffilmio a sain am yn ail.

Ro'n i'n meddwl mod i'n nabod Sir Benfro'n o lew, diolch i'r Eisteddfod Genedlaethol ac ambell benwythnos o ddringo, canŵio ac ati, ond mi ges fy synnu. Ro'n i'n lwcus o ran y tywydd – roedd hi'n fendigedig o braf, os yn wyntog, ond dyna fo, dydi hi byth yn glawio yn Sir Benfro pan fydda i yno. Roedd gwibio ar hyd afon Cleddau mewn cwch cyflym yn brofiad a deud y lleia, gan fod y gwynt fymryn yn fywiog a'r tonnau'n reit arw. Roedden ni i fod i fynd ar hyd yr arfordir, ond doedd 'na'm pwynt oherwydd maint y tonnau. Fysa waeth i ni fod wedi nofio, ddim. Ac roedd fy stumog i'n taro fy nghorn gwddw efo pob ton fel roedd hi.

Oherwydd maint y tonnau ches i ddim canŵio ym mae Broadhaven chwaith, ond ew, am draeth bendigedig – mae'n curo traeth Harlech, hyd yn oed. Mi wnes i syrthio mewn cariad yn llwyr efo'r lle, a dwi isio mynd yn ôl yno ar fyrder i roi cynnig arall ar ganŵio yno, a dwi'n bendant yn mynd i gerdded llwybr arfordir Penfro un o'r dyddiau 'ma. Mae'r golygfeydd yn wefreiddiol, a morloi ac adar i'w gweld ymhobman. Mi wnes i wirioni efo Pyllau Bosherston hefyd, gafodd eu creu gan y teulu

Cawdor dros gant a hanner o flynyddoedd yn ôl (ond yr Ymddiriedolaeth Genedlaethol sy'n gofalu amdanyn nhw rŵan). Ro'n i wedi disgwyl rhyw byllau bach tila efo ambell lili ynddyn nhw, ond naci wir, maen nhw'n llynnoedd hardd, eitha mawr, yn llawn lilis dŵr ac adar o bob math, yn elyrch a hwyaid gwylltion o bob lliw a llun, ac mae'r llwybrau o'u cwmpas yn werth eu troedio, yn enwedig ar ddiwrnod bendigedig o braf a gwyntog fel gawson ni.

Taith hir i Gernyw wedyn (tydi o'n boen gorfod mynd yr holl ffordd rownd a ninnau mor agos?), a phnawn 'ma mi ges i wers syrffio. Pan welais i faint y tonnau yn Newquay, ges i haint. Roedden nhw'n fwy na rhai Sir Benfro, yn waldio'r creigiau a thasgu i'r awyr fel tasen nhw isio dysgu gwers go galed i rywun. Ond roedden nhw fymryn llai jest i fyny'r ffordd yn Watergate. Ond ddim llawer.

Doeddwn i ddim yn edrych ymlaen at gael fy ffilmio mewn siwt wlyb. Mae'n iawn pan dach chi'n canŵio, mae ganddoch chi ddigon o geriach arall drosoch chi i guddio bob dim, ond ar fwrdd syrffio, waeth i chi fod yn noeth ddim. Mi lwyddais i wasgu fy hun i mewn i'r siwt yn rhyfeddol. A dyna'r artaith cynta drosodd. Y wers syrffio wedyn. Roedd Tim, fy hyfforddwr, yn edrych yn union fel y byddech chi'n disgwyl i syrffiwr edrych: tal, ysgwyddau llydan a choesau hirion, lliw haul dwfn, gwallt melyn hir yn gyrls i gyd a rhywbeth arian yn ei glust. Mi wnes i drio dal fy mol i mewn yn syth! Mynd drwy'r mosiwns ar y traeth, ac yna i'r dŵr. Roedd cyrraedd y môr yn dasg ynddi'i hun, gan fod y gwynt yn mynnu trio mynd â fy mwrdd syrffio efo fo. Aros am don, neidio ar fy mol ar y bwrdd, bachu nhraed am ei gynffon, a phadlo fel diawl efo mreichiau. Ieeee! Ro'n i'n hedfan! Ond ro'n i'n mwynhau fy hun gymaint, mi wnes i anghofio ceisio sefyll. Cynnig arall, dal ton arall, a cheisio neidio o fod ar

fy mol i fod ar fy nhraed mewn un symudiad esmwyth –
sy'n bedwar symudiad mewn gwirionedd, ond mae'n
edrych fel un os dach chi'n ei neud o'n iawn. Wnes i
mo'no fo'n iawn. Ges i lond ceg o halen a thywod.
Chware teg, dwi'n hogan nobl 42 oed efo pen-glin giami
– be dach chi'n ddisgwyl? Yn ôl â fi at Tim, a thrio eto –
ac eto. A myn coblyn, wedi sawl cynnig, mi lwyddais i
sefyll, a syrffio am chydig eiliadau. Doedd o ddim yn
hardd – mae'n siŵr bod fy mhen-ôl a nhraed a mreichiau
yn mynd i bob cyfeiriad, ond mi wnes i lwyddo i syrffio!
Chyffd? Does ganddoch chi'm syniad. Ond 'rargol, roedd
o'n waith caled. Mi lwyddais i ryw lun o sefyll gwpwl o
weithiau eto, ond do'n i'm yn para'n hir iawn, ac mi
gefais fy nghnoi'n drwyadl gan un don fwy na'r gweddill.
A bod yn onest, ro'n i reit falch pan nath yr hogia ar y
traeth arwyddion ei bod hi'n bryd i ni fynd. Ro'n i wedi
nogio ac roedd fy mhen-glin i'n dechrau cyffio. Triwch chi
orwedd yn fflat ar eich bol ar y carped yn y parlwr, yna
codi'ch ysgwyddau a'ch traed oddi ar y llawr – a neidio i
fyny ar eich traed – mewn un symudiad cyflym a
gosgeiddig. Mae o'n ddigon anodd ar garped solat, heb
sôn am ddarn o blastig sy'n siglo bob sut. Roedd y gawod
ges i wedyn yn nefoedd, bron cystal â'r llond mẁg o
siocled poeth ges i'n syth ar ei ôl o.

Dwi'n meddwl y bydd fory'n ddiwrnod haws: dwi'n
cael gwers arall, ond gwers Gernyweg tro 'ma. Efallai bod
gwers fel'na'n fwy addas ar gyfer hogan nobl efo pen-glin
giami. Ella. Ond fydda i'n iyii-haa-io a rhowlio chwerthin
a theimlo hanner y cynnwrf? Gawn ni weld.

1 Hydref

Dwi yn Truro rŵan (sydd ddim yn swnio'n gywir iawn
ond mae 'yn Nhruro' yn edrych yn od a do'n i'm isio'ch

drysu chi). Mae'n dref fach hyfryd, dlos a chyfeillgar. Y tro cynta i mi glywed am y lle oedd yn y saithdegau, wrth wylio cyfres deledu *Poldark* (yr un lle roedd Angharad Rees yn chwarae rhan Demelza oedd mewn cariad efo boi Heathcliffaidd o'r enw Ross) ac mi fydda i'n mynd i St Mawes fory neu drennydd, lle cafodd rhan helaeth o'r gyfres ei ffilmio. Dydi pethau felly ddim yn siglo nghwch i (sori) fel arfer, ond mae *Poldark* yn wahanol. Ro'n i wedi gwirioni efo *Poldark*. Ac efo Ross.

Mi ddad-gyffiais wedi'r syrffio, a chael gwers Gernyweg fer mewn *tea-room* yn Trenance, lle mae'r baned de orau'n y byd. Wir yr, mi brynais i ddau baced o'u te nhw wedyn (un i mi ac un i Nain). Yno hefyd y gwelais i bennill ar ddarn o grochenwaith Mottoware a arferai gael ei gynhyrchu yn ardal Torquay yn y 1920au:

> If you're not a beauty
> Be happy that you're plain,
> Be a wheel greaser
> If you can't drive a train.

Doedd 'na'm ffasiwn beth â llawdriniaeth gosmetig yn y 1920au, nagoedd?

Yn anffodus, dyn braidd yn academaidd oedd yn rhoi'r wers Gernyweg i mi; roedd o'n gallu dyfynnu barddoniaeth, ond ddim yn gallu deud wrtha i sut i ofyn am baned o de. Felly dwi'n dal ddim yn siŵr be'n union ydi sefyllfa'r iaith na pha mor debyg ydi hi i'r Gymraeg.

2 Hydref

Ymlaen â ni i Lydaw, lle mae'r haul yn tywynnu a'r awyr yn las. Mi gawson ni fynd ar y *Pont Aven*, fferi newydd sbon danlli Brittany Ferries hefyd, a dyna i chi be ydi llong. Mae hi fel y *Starship Enterprise*, efo pwll nofio a bob dim. Ges i fynd ar y *bridge* pan oedd y capten yn ein llywio allan o'r harbwr; do'n i ddim yn cael siarad efo fo ar y pryd, wrth gwrs, dim ond ei wylio wrthi, ac ro'n i'n gorfod gwenu. Mi ges i gyfarfod capten fferi Abergwaun–Corc y llynedd (dyn o Sir Fôn), ac roedd hwnnw fel pìn mewn papur. Roedd hwn yn wahanol, yn Llydawr i'r carn: crys angen ei smwddio, gwallt dros y lle, llais fel cymysgydd sment a Gitane yn hongian o'i geg. *Merveilleux.*

Cyrraedd Roscoff yn gynnar ond cymryd oes i weithio allan lle i roi'r sticeri ar oleuadau'r car, rhag i ni ddallu gyrwyr eraill. Mae'r cyfarwyddiadau ar y pethau yna'n uffernol. Ond dwi wedi hen arfer gyrru ar ochr anghywir y ffordd bellach, felly roedden ni yn Brest (neu ym Mrest?) cyn pen dim. Pum munud i ollwng ein bagiau yn y gwesty ac ymlaen â ni i far o'r enw 'le Tour du Monde' – 'y daith rownd y byd' – y cysylltiad yn amlwg, siawns? Rŵan, dwi'm yn ffan mawr o Brest – dinas fawr, flêr, od – ond mae'r bar yna'n wych. Ro'n i wrth fy modd yno'n syth, a ges i sgwrs ddifyr ofnadwy efo dau sy'n siarad Llydaweg – Fran May, o Hwlffordd yn wreiddiol, a Ronan Hirien, newyddiadurwr sy'n gallu siarad saith iaith yn cynnwys y Gymraeg. Mi ddywedodd Fran wedyn bod Olivier de Kersauson, perchennog y bar, yn digwydd bod yno – dyn hynod, hynod enwog yn Ffrainc, lwyddodd i hwylio rownd y byd mewn 71 diwrnod, 14 awr, 18 munud ac 8 eiliad. Diawcs, felly dyma fi'n gofyn i'r boi y tu ôl i'r bar tybed fyddai'n iawn i mi ofyn i'r perchennog i gael sgwrs fer efo ni – gan ein bod ninna'n mynd rownd y byd, yndê. Aeth y creadur yn welw. Dim uffar o beryg! Doedden ni ddim i fod i'w styrbio ar unrhyw gyfri! Deall wedyn ei fod o'n adnabyddus am fod yn hen grinc blin efo'r wasg a'r cyfryngau. Ro'n i'n eitha licio fo am hynny, ond wnes i'm meiddio mynd ar ei gyfyl o.

3 Hydref

Codi efo'r wawr a mynd heb frecwast er mwyn gallu dal y fferi i L'Ile d'Ouessant, neu Enez (ynys) Eussa yn Llydaweg. Ac unwaith eto, dwi wedi syrthio mewn cariad. Be ydi o am ynysoedd, dwch? Mae 'na ryw hud neu ramant yn perthyn iddyn nhw i gyd (ond dydi Sir Fôn ddim yn cyfri – dwi'n sôn am ynysoedd sy'n bell i ffwrdd ac angen cwch i'w cyrraedd). Be bynnag ydi o, mae 'na lond gwlad ohono fo gan yr ynys hon. Os fyddwch chi'n mynd i Lydaw byth, gofalwch fynd i Enez Eussa. Wir yr, mae'n fendigedig. Mi allwch chi fynd yno am ddiwrnod o Brest neu le Conquet, neu aros dros nos – ond does 'na'm llawer o le i aros yno, felly gofalwch drefnu ymlaen llaw. Rhyw le i 70 sydd 'na ar y mwya ar hyn o bryd, ac mae Odile yn Hôtel Ti Jan Ar C'hafe (tŷ Jan sy'n yfed lot o goffi) yn cynnig y croeso rhyfedda, ac yn gallu cysylltu efo llefydd eraill os bydd hi'n llawn. Ond cofiwch, mae'n help garw os allwch chi siarad rywfaint o Ffrangeg.

Be sydd mor arbennig am y lle? Y daith i ddechrau; iawn, bosib mod i'n lwcus efo'r tywydd, ond roedd hi'n ddwyawr hyfryd heibio ynysoedd a chreigiau a goleudai, er bod hanner Ffrainc wedi penderfynu dod draw yr un pryd â ni. Mae 'na gant-a-mil o feiciau i'w llogi wrth yr harbwr, ac wedyn mi allwch chi grwydro'r ynys dow dow – neu ar wib – fel leiciwch chi. Dim ond 5 km x 8 km ydi'r lle i gyd, ond mae 'na olygfeydd godidog, felly mi fyddwch chi'n oedi cryn dipyn. Mae'r môr wedi chwipio'r creigiau i mewn i'r siapiau rhyfedda, ac mewn un darn mae'r cerrynt mor gryf nes bod y tonnau'n wirioneddol anferthol ac ugeiniau o bobl annoeth wedi marw wrth geisio nofio yno – ond mae'r môr yn gwbl ddof rhyw ugain llath i fyny'r traeth. Wel, mae'n ymddangos felly o leia.

Oherwydd yr holl gerrynt peryg a chreigiau, mae 'na saith goleudy o amgylch yr ynys, ac mae'r un mwya, y 'Creac'h' yn werth ei weld gyda'r nos; mae o fel melin wynt o olau melyn, sydd mor bwerus nes bod modd ei weld yng Nghernyw. Ac un arall, y Jument, ydi'r goleudy wnaethpwyd yn enwog gan y llun 'na dynnwyd o hofrennydd gan Phillip Plisson, o foi yn sefyll ar risiau'r goleudy a thonnau anferthol yn chwalu drosto fo. Mae'r dyn hwnnw'n dal i fyw ar yr ynys.

Mi gawson ni fwyd bendigedig yno – yn fwyd môr ffres, glân, a phob math o gragen dan haul (neu dan y don) a phryd traddodiadol yr ynys – Ragout de mouton – math o lobsgows sy'n cael ei goginio mewn twmpath o fawn nes bod y tatws ar y top wedi rhostio'n berffaith. Roedd o'n wirioneddol hyfryd, ac roedd blas y mawn yn bendant arno fo.

Mi wnes i ddotio at bobl yr ynys, pobol glên ond di-ffŷs, er i mi synnu nad oedd 'na fwy ohonyn nhw'n siarad Llydaweg. Ond fel yr eglurodd y maer wrtha i: 'Efo'r holl forwyr o dramor yn mynd a dod yma, roedden ni wedi colli'r Llydaweg ymhell cyn y tir mawr.' Ond wyddoch chi be, mi gyfrodd y ddynes tacsi i ddeg i ni, ac roedd o'n union fel y Gymraeg, yr acen a bob dim, ac yn agosach o lawer at y Gymraeg nag unrhyw un arall sydd wedi cyfri i ddeg yn Llydaweg yn fy nghlyw i. Rhyfedd o fyd. Mae enwau rhai o'r creigiau'n brawf o'r berthynas agos rhwng y Llydaweg a'r Gymraeg: Karreg Gwenn, Mean (maen) ar Gaseg, Mean Du, Mean Glas . . . ac mae adeiladau'r ynys yn fôr o las – y drysau, y ffenestri a'r 'volets' (y drysau bychain pren sydd ar y ffenestri) – bob dim. Ac mae'n debyg fod y glas yn cynrychioli'r Forwyn Fair, yn y gobaith y bydd hi'n gofalu dod â'r gwŷr yn ôl o'r môr yn ddiogel. Do, dwi wedi cymryd llwyth o luniau, ac wedi gwario ffortiwn ar gyrten bach lês Ouessantaidd o'r enw 'Brise-bise', dim ond i gofio y bydd yr unig ffenest y byddai'n ei ffitio yn cael ei rhwygo allan gan yr adeiladwyr tra dwi yn Sbaen . . . *c'est la vie*.

sbaen a gibraltar

8 Hydref

Diwrnod o deithio o uffern heddiw. Gadael adre am 9 y bore, cyrraedd Manceinion erbyn 11, aros awr yn fan'no am yr awyren, wedyn ro'n i'n Heathrow erbyn 1.10. Cyfarfod Jonathan yn fan'no, a dau aelod newydd o'r tîm, Haydn Denman y dyn camera, a Heulwen Jones yr ymchwilydd. Mae Haydn yr un oed â fi, a Heulwen yn ei hugeiniau, fel Jonathan. Ta waeth, roedden ni i fod i hedfan i Bilbao am 17.40. Wnaethon ni ddim. Am ryw reswm, roedd yr awyren yn hwyr. Mi gawson ni i gyd fynd arni'n y diwedd, ond wnaeth hi'm symud am oes. Mi syrthiais i gysgu, ac mi fyddwn i'n deffro bob hyn a hyn yn meddwl ein bod ni'n hedfan. Ond na, roedden ni'n dal ar y tarmac. O wel, roedd o'n gyfle i swotio fy Sbaeneg efo llyfr Berlitz. Mi wnes i lwyddo i ofyn am fy nŵr a *frutas secas* yn Sbaeneg.

Cyrraedd Bilbao yn y tywyllwch, llogi dau gar a gyrru am Cangas de Onis. Aeth Heulwen efo Haydn, ac es i efo Jon, a ni oedd yn arwain; Jon yn gyrru'n ofalus gan gadw at y cyflymder oedd yn cael ei nodi'n amlwg ar y draffordd, a finna'n darllen y map. Ond doedd 'na neb yn sticio at y cyfyngiadau cyflymder ond y ni. Roedd y Sbaenwyr yn hedfan heibio, yn hercs go iawn. Mi gafodd Haydn lond bol ar ôl sbel a gwibio heibio i ni. Diddorol. Dyna ddangos elfen o'i gymeriad o'n syth, ac mi wnes i benderfynu mod i'n mynd i licio'r boi. Yn anffodus, ar ôl sbel, mi lwyddodd Jon a fi i'w golli o. Duwcs, digon o amser i'w ddal o i fyny, meddan ni. Yn anffodus, ges i lond bol o sbio ar y map a dechrau mynd drwy'r llyfr Berlitz eto, ac ro'n i'n dysgu Jon sut i ddeud *'lo siento pero no puedo levantarme*' (peidiwch â gofyn) ar adeg reit dyngedfennol, ac mi fethon ni droead. 'Ydi'r draffordd 'ma i fod i fynd drwy ganol tre?' gofynnais toc. Achos dyna lle roedden ni, ynghanol Santander. Ac roedd 'na ddwsinau o ferched yn gacen o golur ac yn gwisgo sgertiau byrion yn gwenu'n ddel ar Jon o ochr y pafin. Wel, o ganol y ffordd a deud y gwir, mwya powld. Roedden ni yn y porthladd ac roedd y rhain yn chwilio am forwyr. Wps. Tro pedol ac o'na reit handi. Canolbwyntio ar y map yn lle'r llyfr am weddill y daith a chyrraedd y gwesty tua un y bore. Doedd 'na ddim bwyd i ni, wrth gwrs, felly ges i far Frusli a dŵr a suddo i mewn i ngwely. Wnes i'm cysgu am hir achos ro'n i'n siŵr mod i'n gallu clywed bleiddiaid o'r goedwig gyfagos. Dwi'n dal ddim yn siŵr be oedd y sŵn, achos mae 'na fleiddiad go iawn yn yr ardal erbyn deall. Ond bosib mai tynnu nghoes i oedden nhw.

10 Hydref

Dwi yma ers deuddydd a dwi wedi mopio efo Sbaen yn barod. Oeddwn, ro'n i eisoes wedi profi Barcelona a Madrid – ac wedi cael pythefnos erchyll yn Lloret de Mar ddechrau'r wythdegau – twll o le, yn wy a chips ac un gwesty anferthol a ffiaidd ar ôl y llall a dim gair o Español yn unlle – ond ro'n i'n gwybod bod 'na fwy i'r wlad na hynny. Do'n i jest 'rioed wedi cyrraedd am ryw reswm. A bobol bach, dwi'n difaru mod i heb ddod yma ynghynt, ac yn difaru f'enaid mod i wedi penderfynu astudio Ffrangeg a drama yn y coleg yn lle Ffrangeg a Sbaeneg fel ro'n wedi bwriadu'i wneud (rois i'r gorau i'r drama ar ôl blwyddyn beth bynnag). Mi fyswn i wedi gallu treulio chwe mis yn Sbaen fel rhan o nghwrs! Chwi ddarpar fyfyrwyr – gwrandewch ar hen ddynes sy'n cicio'i hun. Ta waeth, dim iws codi pais, felly dwi'n mynd ati fel fflamia i wneud i fyny am ffoliteb fy ieuenctid drwy siarad a dysgu Sbaeneg hynny fedra i – achos dwi'n dod yn ôl, yn bendant.

Asturias ydi enw'r ardal yma, y darn o Ogledd Sbaen sy'n cynnwys y môr a'r mynyddoedd – y Picos de Europa – a dwi'n synnu mod i heb glywed amdanyn nhw o'r blaen. Rydan ni i gyd yn gyfarwydd â lluniau a hanesion am yr Alpau a'r Pyrenees, ond dyw'r Picos yn cael fawr ddim sylw, nac'dyn? Mewn ffordd, mae hynny'n beth da, gan fod 80% o'r ymwelwyr yn Sbaenwyr a fawr neb o Brydain yn mentro yma, felly peidiwch â deud wrth bawb, iawn? Ond wir rŵan, os ydach chi isio gwyliau bendigedig, bythgofiadwy, yng nghalon y Sbaen go iawn, dewch i Asturias. Mae'r bobl ymysg y rhai clenia i mi eu cyfarfod erioed, mae'r bwyd yn dda, ac er bod y tywydd yn gallu amrywio, mae'n ddramatig a deud y lleia. Mae'r golygfeydd yn anhygoel, a'r lliwiau yr adeg yma o'r flwyddyn yn wefreiddiol. Ac os ydach chi'n mwynhau'r awyr agored, does 'na unlle gwell. Mi allwch chi gerdded, mynydda, dringo, canŵio, merlota a 'chanyonio' – sef taflu'ch hun i lawr afon drwy amrywiol ffyrdd – plymio, sglefrio ac abseilio (jest y math o beth sy'n apelio ata i, a hwnnw fyddwn i wedi ei ddewis). Ond dwi yma i weithio, nid i fwynhau fy hun, felly bu'n rhaid i mi fodloni efo merlota. Bodloni?! Dwi 'rioed wedi mwynhau fy hun gymaint yn ffilmio'r gyfres 'ma.

Doedd o ddim yn argoeli'n wych iawn – cymylau trwchus, tywyll; gwynt oedd bron â'n chwythu drosodd, felly waeth i chi ei alw'n gorwynt, ac roedd hi mor oer, mi wisgais i gymaint o ddillad ychwanegol nes mod i'n edrych fel y dyn Michelin. Ac roedd y ceffylau'n rhai mawr – a dwi'm wedi bod ar gefn ceffyl go iawn ers blynyddoedd. Do, mi fues i'n aelod o Pony Club y Brithdir am flwyddyn tua 1976 ffor'na, a do, mi ges i ddiwrnod efo'r gauchos yn Ariannin yn 1991 (a disgyn oddi ar fy ngheffyl), a dwi wedi bod am dro hamddenol ar geffylau araf, dof Abergwynant gwpwl o weithiau y llynedd. Ond roedd rhain yn geffylau gwahanol. A doedd 'na'm grisiau cerrig i'ch galluogi i eistedd arnyn nhw'n hawdd. Ro'n i'n mynd i orfod neidio i mewn i'r cyfrwy fel cowboi – ar gamera. A diolch byth, mi wnes i o – yn ddigon hawdd (ond gafodd hynny ei ddangos ar y rhaglen deledu? Naddo!). Yn syth, ro'n i'n deall fod Gitano (fy ngheffyl) yn un bywiog oedd ar dân isio mynd, a mynd ar wib hefyd. Ond iechyd, am geffyl da, ufudd. Dim ond tri ohonan ni oedd yn merlota – Fernando y perchennog, ffarmwr sy'n gofalu am ei wartheg ar gefn ceffyl (24 ohonyn nhw – o geffylau, nid o wartheg), Juan ei gyfaill sy'n siarad Saesneg rhugl ac yn rhedeg busnes gwyliau antur, a finna. Doedd gan Juan fawr mwy o brofiad merlota na fi, ond am Fernando, wel, weles i 'rioed rywun oedd yn ffasiwn feistr ar geffyl. Roedd ei weld o'n carlamu heibio'r llyn fel rhywbeth allan o ffilm. A dim ond iddo chwibanu, roedd y ceffylau'n ufuddhau'n syth. Ond dwi'm yn meddwl ei fod o'n gymaint o feistr ar ei wartheg – roedd ganddo ddwy lygad ddu ar ôl cael coblyn o gic gan fuwch flin. Ond mae o'n tyff – roedden ni i gyd wedi gwisgo fel tasen ni'r yr Arctig, ond dim ond fest a siaced *fleece* denau oedd ganddo fo. Waw.

Ta waeth, roedd y lleoliad yn fendigedig, i fyny yn y Picos creigiog, pigog (yr enw'n egluro ei hun) uwchben llyn oedd yn donnau llawn ewyn, a mwya sydyn mi ddoth yr haul allan ac mi drodd yr awyr yn las perffaith. Ond roedd y gwynt yn dal yn wallgo bost, oedd yn ychwanegu at y profiad rywsut, er iddo chwythu un o fy hoff glustdlysau yn syth allan o nghlust i. Wir yr. Mae hi'n dal yn y Picos yn rhywle.

Mi fues i'n merlota am oriau, heb ddod oddi ar y ceffyl unwaith, er bod fy mhengliniau'n sgrechian a'r llwch yn peltio i mewn i fy llygaid. Ond ro'n i'n mwynhau fy hun gymaint, ro'n i'n methu peidio â gwenu fel giât drwy'r cwbl. Do'n i jest ddim isio i'r profiad ddod i ben, ond mi nath, ac ar ôl cinio o *fabada* – cawl traddodiadol yr ardal (tebyg i lobsgows efo ffa anferthol a darnau o chorizo ynddo fo – ac, a bod yn onest, mae'n well gen i lobsgows) i ffwrdd â Fernando ar garlam i hel ei wartheg o'r mynydd. Mi fydd hi'n bwrw eira yma toc, felly mi fydd gwartheg pawb ar eu ffordd yn ôl i lawr i'r dyffryn yn ystod yr wythnosau nesa 'ma.

Yn ôl â ni at y ffilmio, a dyma Jonathan yn penderfynu ei fod o isio ngweld i'n gyrru'r car. Do'n i ddim yn hapus. Rŵan, dwi'n eitha licio gyrru, ond do'n i'm wedi cael cyfle i fynd y tu ôl i'r llyw o gwbl tan rŵan (y dynion wedi mynnu gneud y gyrru i gyd), a char Sbaenaidd oedd hwn, efo bob dim ar yr ochr anghywir. Taswn i ar ffordd gyffredin, fyddai hi ddim o bwys gen i, ond roedden ni yn y blydi Picos, ar ffordd gul iawn iawn iawn – ac roedd hi'n ŵyl y banc a phob car yng Ngogledd Sbaen wedi penderfynu dod i'r mynyddoedd. Ro'n i'n methu ffendio'r gêrs heb sôn am weithio allan pa mor bell o'n i o ochr y ffordd (a'r dibyn oddi tano) neu'r lorri fawr oedd yn dod amdana i. A doedd gwneud tro tri-phwynt ddim yn hawdd o gwbl ar ffordd gul, droellog heb *lay-bys*. Ro'n i isio lladd Jonathan, yn enwedig pan oedd o a Haydn yn mynnu mod i'n pasio heibio iddyn nhw eto ac eto ac eto. Chwysu? Ro'n i'n *dehydrated*.

Yn ôl i Cangas de Onis wedyn i flasu'r seidar lleol mewn *llagar* neu far seidr. Dach chi'n gorfod ei yfed o mewn ffordd hynod od: mae'n cael ei dywallt i mewn i'ch gwydr (eitha bychan) o fedr uwch eich pen fel ei fod o'n tasgu dros bob man, wedyn dach chi'n gorfod ei glecio (mae o rhwng 4% a 6%, gyda llaw) a thaflu'r gwaddod ar y llawr er mwyn dangos eich bod chi isio mwy. Os o'n i'n *dehydrated* cynt . . .

O'r diwedd, rhoddwyd y camera o'r neilltu a setlo am
damed o swper, a sylwi fod pawb allan mewn teuluoedd
– teuluoedd go iawn, yn deidiau a neiniau a phlant o bob
oed, i gyd efo'i gilydd yn y tafarndai a'r caffis, a hithau'n
hwyr, hwyr (anaml fyddan nhw'n dod allan cyn deg y
nos), ond dim llanciau meddw'n gwneud bywyd yn
annifyr i bawb arall, a dim plant yn bod yn boen – maen
nhw'n gwybod sut i fwynhau a 'gwneud' efo pobl hŷn a
dieithriaid, a vice versa, ac roedd hi'n bleser bod yn eu
cwmni. Isio gwyliau i'r teulu? Dysgwch chydig o Sbaeneg
a dowch i Asturias. Mae 'na groeso i blant yn fan'ma. Ond
mae 'na groeso i bawb o bob oed – yn enwedig os ydach
chi'n gwneud eich gorau i drio cyfathrebu yn Sbaeneg.
Mae f'un i wedi gwella'n arw'n barod. Neu ai effaith y
seidar oedd hynny?

11 Hydref

Mi ges i gyfle i ddefnyddio fy Sbaeneg heddiw. Roedden
ni ar y ffordd i Valladolid, ac am fod y rhan yma o Sbaen
yn grempogaidd o wastad, roedden ni'n chwilio am rywle
i allu ffilmio'r tirwedd. Dyma ddilyn ffordd fechan i ganol
nunlle a dechrau arni. Ro'n i wedi sylwi ar yr arwydd
'Centro Peniticentiario' (neu rywbeth fel'na) ond ddim
wedi trafferthu sbio yn y geiriadur i weld be oedd o'n ei
feddwl. Camgymeriad. Carchar oedd o. Ges i dipyn o sioc
o weld car heddlu'n dod aton ni. Mi gawson ni i gyd fraw
pan gamodd dau heddwas mawr allan, a jest i Jonathan
gael hartan pan welodd o un ohonyn nhw'n chwarae efo'i
wn. Wnes i 'rioed araith mor hir yn Sbaeneg yn fy myw.
Llwyddo rhywsut i egluro ein bod ni'n griw camera o
Gymru oedd jest isio ffilmio caeau gwastad, ddim wedi
dallt ein bod ni mewn ardal mor ym . . . sensitif. Diolch
yn fawr, sori, adios. Tro pedol ac i ffwrdd â ni – a'r car

heddlu'n ein dilyn. Dim rhyfedd, roedden ni'n mynd ar hyd ffordd oedd yn mynd i nunlle – heblaw'r carchar. Wp a deis. Tro pedol arall, a gwenu'n ddel ar y ddau heddwas wrth eu pasio. Wnaethon nhw'm gwenu'n ôl.

Ar wahân i hynna, mae'r croeso yn ninas Valladolid wedi bod yn gynnes iawn, er ein bod ni'n mynd ar goll yma dragwyddol. Mae isio beinociwlars i weld yr arwyddion ffyrdd mewn pryd. Roedd y cyfarwyddiadau i gyrraedd y gwesty gan Heulwen a Haydn, ac roedden ni wedi eu colli nhw ers oes. Nid bai Jon oedd hyn – fi oedd yn gyrru tro 'ma. O'r diwedd, dyma gael gafael ar Heulwen ar y ffôn – roedden nhw yn y gwesty ers meitin iff iw plîs – a dyma hi'n rhoi'r cyfarwyddiadau i ni dros y ffôn. Mi gyfeiriodd at arwydd 'La Flecha'. Erbyn deall, doedd dim angen troi am La Flecha, dim ond ei nodi cyn troi'n nes ymlaen, ond wnaethon ni'm dallt hynny naddo? Mi fuon ni'n troi mewn cylchoedd am oes, jest â mynd yn hurt. Mae'n rhaid i mi gyfadde, mi ges i lond bol yn y diwedd: es i i fyny ffordd unffordd y ffordd anghywir (os ydach chi'n dallt be sy gen i) a mynd drwy olau coch, er mawr sioc i foi ar feic, ond o leia mi gyrhaeddon ni'r bali gwesty. A lle hynod grand ydi hwnnw: mae 'na ffôn wrth y lle chwech hyd yn oed, a digon o le i gael parti yn y bath, heb sôn am y llofft, ac mae'r gwely'n fwy na fy llofft i adre. Yn anffodus, mae'r gwesty ynghanol safle adeiladu, ac arogl wyau drwg diawchedig yma. Allwch chi'm cael bob dim.

13 Hydref

Crwydro Valladolid ben bore ddoe a hithau'n rhewi a finna wedi gwneud y camgymeriad o wisgo *mules* (sandalau haf efo sawdl) yn lle sgidiau cerdded a sanau fel pawb arall. Ro'n i wedi meddwl y byddai hi'n cynhesu'n nes ymlaen. Camgymeriad mawr. Aeth hi'n oerach fyth. Ac oherwydd anghenion dilyniant yn y ffilmio, mi fu'n rhaid i mi aros yn fy sandals heddiw hefyd. Roedd fy modiau i'n las. Roedd o'n deimlad od, crwydro'r ddinas dan awyr las yn fferru, yn enwedig gan fod y strydoedd yn wag a'r siopau i gyd wedi cau. Roedd 'na ŵyl grefyddol ymlaen ar y dydd Mawrth, ond yn ôl y drefn Sbaenaidd, mae'r penwythnos cyfan yn mynd yn ŵyl a neb yn trafferthu i weithio ar y dydd Llun chwaith. Na'r Sadwrn na'r Sul. Tydan ni'n bobl drefnus, cydwybodol, diflas, wastad yn cael ein gwyliau banc ni ar ddydd Llun?

Mi fywiogiodd pethau'n arw at y nos, gan fod pawb wedi dod yn ôl o'r Picos neu lle bynnag fuon nhw, ac allan yn bwyta a chrwydro mewn grwpiau mawr teuluol. Doedd 'na fawr ddim ymwelwyr tramor o gwmpas, ac roedd hynny'n braf iawn. Nid tref dwristaidd mo Valladolid; dydi hi ddim yn gerdyn post o ddel – mae 'na ormod o adeiladau bocsaidd anferthol ar hyd y lle – ond mae 'na adeiladau hynafol digon difyr yma (rhai'n dyddio'n ôl i 1074), ac mae'r bwyd a'r bobol yn hyfryd, a fan'ma rydan ni wedi cael y 'noson allan' orau hyd yma. Efallai mai dyna pam na ches i fawr o flas fore trannoeth ar y Museo Nacional de Escultura sy'n llawn o luniau a cherfluniau hynafol o Grist yn diodde ar y groes, a nifer o bobl eraill yn diodde ac mewn poen a galar. Efallai mod i'n ormod o Philistiad i werthfawrogi'r campweithiau celfyddydol, ond argol, roedd o'n *depressing*. Mi ddysgais i ddeud *'es largo como un dia sin pan'* wedyn – mae mor ddiflas â diwrnod heb fara.

Mi wellodd pethau'n arw yn y Brifysgol, lle ges i gymryd rhan mewn gwers Sbaeneg. Wei-hei! Ro'n i yn fy elfen yn fan'no; roedd Beatrice yr athrawes yn wych (ac am ei bod hi mor ddel, roedd yr hogia wedi cymryd ati hi'n arw hefyd) a do'n i'm isio i'r wers orffen. Criw digon difyr oedd y myfyrwyr hefyd. Roedd 'na foi o'r Almaen oedd isio gallu dallt ei ffrindia, lleian o'r Philipines oedd isio gwella'i gramadeg, a hogan o Siapan oedd yn canlyn efo Sbaenwr ac isio gallu cyfathrebu'n iawn efo fo a'i deulu. Dwi isio dilyn cwrs Sbaeneg fy hun rŵan – pronto! Dwi wir wedi gwirioni efo'r iaith, a dwi isio'i dysgu hi'n iawn. Does 'na'm byd i'm rhwystro i rhag dod yn ôl am gwrs pythefnos neu fis ryw dro, nagoes? Wel, ar wahân i'r pres ella. Hm. Mi fydd raid i mi weithio ar hwnna.

15 Hydref

Ymlaen â ni i Avila, sy'n wirioneddol hardd ac wedi ei hamgylchynu gan furiau castell anferthol, gafodd eu hadeiladu gan y Mwslemiaid a'r Rhufeiniad mae'n debyg. Yn ôl *Lonely Planet*, dyma 'one of the chilliest cities in Spain', a wir i chi, mae'r llyfr yn deud y gwir. Dewch â'ch fest efo chi os am fentro yma. Ond mae'n werth yr annwyd. Er gwaetha'r gwynt milain, roedd yr awyr yn las a'r haul yn tywynnu ac roedden ni yno ar gyfer ffiesta fawr flynyddol Santa Teresa, gŵyl sy'n dechrau ar ben-blwydd y santes ar Hydref y 4ydd ac yn cyrraedd ei uchafbwynt efo ffiesta ar y 15fed. Do'n i 'rioed wedi clywed am y ddynes o'r blaen, ond dwi'n gwbod bob dim amdani hi rŵan. Mae'n stori hir, ond yn y bôn roedd hi'n lleian oedd yn diodde o salwch ac iselder ysbryd, gafodd weledigaethau cryf iawn (wedi eu hachosi gan yr holl feddyginiaethau, medda rhai) a phan wellodd hi, aeth ati i sefydlu lleiandai ar hyd y lle (rhai 'Carmelite' – mae 'na un yn Nolgellau fel mae'n digwydd). Bu farw yn 1582, ac yn 1617 mi gafodd ei henwebu fel santes. A chan mai yn Avila y cafodd ei geni, maen nhw wedi ei mabwysiadu hi go iawn. Mae 'na luniau a cherfluniau ohoni ymhob man, caffis, siopau a thai bwyta wedi eu henwi ar ei hôl hi; mi fedrwch chi hyd yn oed brynu ffa, olew olewydd a *mayonnaise* Santa Teresa. Mae 'na amgueddfa am hanes ei bywyd a'r hyn sgwennodd hi, ac mi fedrwch chi hyd yn oed weld ei bys (efo modrwy arno fo) mewn cas bach gwydr. Doedd o'm yn ddel iawn. Ta waeth, roedd y ffiesta'n brofiad: miloedd o bobl wedi dod yno i weld yr orymdaith hir, od, o bypedau, bandiau, blodau a cherfluniau o Santa Teresa'n cael eu cario a'u llusgo drwy'r strydoedd culion, rownd a rownd am oes. Mae'n debyg mai hen ddynes fach annwyl iawn oedd yr hen Deresa, yn hoffi canu a miwsig ac ati, ond roedd hi'n hoffi addoli mewn llefydd gwag, tawel, di-ffŷs a syml. Dw'n i'm be feddyliai'r greadures o'r ffŷs dros-ben-llestri sy'n cael ei wneud ohoni bellach.

O ia, yn yr eglwys, mi wnes i ddigwydd cyfarfod Saesnes oedd yn dysgu plant bach Avila ar ran y Cyngor Prydeinig; roedd ei mam yn byw yn Nyffryn Ardudwy, 'and we have a boat in Barmouth'.

Ro'n i wedi edrych ymlaen yn arw at aros yn Avila am y bydden ni'n aros mewn Parador, sef gwesty crand mewn adeilad hanesyddol. Mae 'na 86 ohonyn nhw yn Sbaen, i gyd yn gestyll, mynachdai neu blastai sydd wedi eu hadnewyddu a'u hachub efo cryn dipyn o bres gan y llywodraeth. Chwip o syniad da, a bechod na fyddai'n hawdurdodau ni wedi meddwl am yr un peth yn y 1960au a'r 1970au cyn i awdurdodau addysg Lloegr brynu'r holl blastai oedd ganddon ni yng Nghymru. Ond doedd ein parador ni ddim cweit be roedden ni wedi'i ddisgwyl, yn anffodus. Er ei fod o'n dyddio o'r 14eg ganrif, doedd o'm yn edrych nac yn teimlo felly. Ro'n i wedi disgwyl gwelyau 4-poster ac ati, ond gwelyau digon cyffredin oedd rhain, ac am ei fod o mor ddrud, roedden ni i gyd yn gorfod rhannu llofftydd. Dim byd yn erbyn Heulwen, ond mae cael lle ac amser i chi'ch hun yn eitha pwysig ar daith hir fel hon. Felly os dach chi awydd sbwylio'ch hun mewn parador, chwiliwch am un arall.

16 Hydref

Gyrru i Cordoba drwy'r dydd, yr hogia mewn un car a'r genod yn y llall, a dyma'r tro cynta i Heulwen fentro y tu ôl i'r llyw. Roedd hi fymryn yn nerfus. Er bod ei thad yn berchen garej a'i brawd yn foi ralis ceir, dim ond un math o gar mae hi wedi ei yrru erioed: Peugeot 306. A tydi hi erioed wedi gyrru dramor. Ond duwcs, ar ôl rhoi llonydd iddi ymarfer yn y maes parcio lle arhoson ni am ginio, roedd hi'n mynd fel y boi ar y traffyrdd. Roedd hi fymryn yn agos at ambell lorri wrth eu pasio weithiau, ond chawson ni dim trafferth o fath yn y byd – nes i ni gyrraedd y ddinas. Mi ddechreuodd hi wichian a phanicio wedyn. Ar ôl *stallio* ddwywaith i gyfeiliant canu cyrn gwyllt, mi wnaethon ni newid lle.

Wedi dod o hyd i'r gwesty, cawod hir (ro'n inna wedi chwysu braidd) ac allan am *tapas* i swper. Weithiau, mi fydd Haydn a finna jest yn pwyntio at fwyd pobl eraill ac yn deud '*lo mismo que ellos por favor*' (yr un peth â nhw) am ei fod o'n edrych yn neis. Ond mae'r ddau ifanc yn licio gwybod yn union be maen nhw'n ei fwyta. Mi gawson ni fabis sgwid tro 'ma, oedd yn neis iawn ym marn Haydn a finna, ond roedd y ddau arall mewn sioc. Yfed tipyn o win a chysgu fel twrch nes i'r larwm fynd am 6.45 a.m.

17 Hydref

Am wyth y bore, cyfarfod ein tywysydd yng Nghordoba, sef Terry o'r Wirral, sy'n byw yma ers saith mlynedd ac yn dal ag acen Saesneg gref. Aeth o â ni'n syth i'r mosg, neu'r Mezquita, lle difyr iawn ond roedden ni'n gorfod crafu a gwenu'n ddel i gael yr hawl i fy ffilmio i'n cerdded y tu mewn i'r lle. Mae'n debyg bod y peth yn erbyn y gyfraith. 'Dos reit sydyn cyn i'r Esgob gyrraedd,' meddai Terry, sydd wedi hen arfer dod â chriwiau ffilmio yma. Ond roedd hi'n anodd iawn cerdded yn araf a pharchus – yn sydyn.

Mi gafodd y Mezquita ei godi yn 785 a'i ehangu yn y 960au, nes i'r Cristnogion gymryd drosodd yn 1236. Wnaethon nhw ddim chwalu llawer o'r adeilad bryd hynny, ond yn yr 16eg ganrif mi rwygon nhw'r canol allan er mwyn codi eglwys gadeiriol reit ynghanol yr hen fosg. Dwi'n falch na wnaethon nhw fwy na hynny, gan fod yr hen golofnau Islamaidd yn wirioneddol brydferth. Roedd y Moslemiaid yn bell o'n blaenau ni o ran celfyddydd, gwyddoniaeth, pensaernïaeth ayyb am ganrifoedd. Ond doedd Carlos I ddim yn hapus efo penaethiaid yr eglwys ar y pryd. Mae'n debyg iddo weiddi arnyn nhw: 'Rydach chi wedi chwalu rhywbeth oedd yn unigryw yn y byd.'

Crwydro'r Juderia wedyn, sy'n fendigedig: strydoedd culion hynafol o adeiladau gwynion sy'n sgleinio yn yr haul, a channoedd o focsys blodau yn diferu'n goch o'r ffenestri. Mi ges i bum munud i brynu pâr o glustdlysau ac mi ges i fagnet rhewgell am ddim gan y ddynes wirioneddol glên oedd yn y siop. Dim ond rhyw 2 euro oedd gwerth y magnet, ond nid dyna'r pwynt.

Tapas i ginio eto, ond roedd Jonathan druan wedi laru ar y rheiny ac yn mynnu ei fod o angen pryd go iawn. Iawn, felly dyma archebu stecen borc a sglodion iddo fo – a phwysleisio *'muy hecho'* – wedi ei goginio'n drwyadl. Ond pan gyrhaeddodd o, roedd o'n binc, felly mi rannodd Terry a finna hwnnw, ac archebu un arall i Jon. Roedd hwnnw wedi ei goginio'n hynod drwyadl, ond fel roedd

Jon yn gosod ei *serviette* ar ei lin, mi gachodd colomen ar ei gyllell o.

Mwy o ffilmio a chrwydro wedyn nes mod i jest â disgyn. Roedd hi yn yr ugeiniau heddiw, oedd yn dipyn o sioc i'r system, ond mae hi'n 43 gradd yma fel arfer, ac mi gyrhaeddodd 46 yr haf yma. Dwi'n falch ein bod ni wedi dewis dod yma yn yr hydref, myn coblyn.

Erbyn heno, roedden ni ffansi newid bach o'r *tapas* (ac yn teimlo dros Jon) ac wedi holi a oedd 'na dai bwyta Eidalaidd neu Fecsicanaidd neu rywbeth yn y dre. O, oedd, roedd 'na le Eidalaidd '*muy muy bueno*' meddai'r ddynes y tu ôl i ddesg y gwesty. Ond, *o dios*, am le rhyfedd. Dwi'n gallu deall y demtasiwn i gymysgu o leia rhyw ddwsin o gynhwysion od efo'i gilydd i weld be ddigwyddith (mi fues i'n gwneud pethau digon tebyg erstalwm), ond eu rhoi ar fwydlen a'u gwerthu wedyn? Hm . . . Ges i afocado heb ddim afocado ynddo fo, ond yn hytrach slwtsh o ddim digon o gimwch na chranc, llawer gormod o gaws roquefort a rwbath arall, a chaws neu saws oren llachar, hurt o gryf ac *anchovies* am ben hwnnw wedyn. Un cegiad ac ro'n i'n welw. *Un poco mucho*, fel petai. 'Di'r bwyd ddim wastad be rydan ni'n ei ddisgwyl yma. Dyna sy'n digwydd pan 'di'ch Sbaeneg chi ddim cweit yna. Mi ges i lond plât o bupur coch wedi eu stwffio y diwrnod o'r blaen; roedd y pupur yn hyfryd, ond yn anffodus, roedden nhw wedi eu stwffio efo bwyd babi. Neu o leia roedd o'n edrych, ac yn blasu, felly. Ond, gan amla, mae'r bwyd yn hyfryd a'r stêcs yn hurt o fawr.

18 Hydref

Jaen. Lle od a hyll efo'r traffic gwaetha mewn bod. A phan mae'n adeg ffiesta fel roedd hi heddiw – swnllyd hefyd. Roedd o'n groes rhwng Sioe Llanelwedd a ffair Dre a'r Steddfod – dim ond bod y dillad yn fwy lliwgar. Roedd yno lwyth o ferched mewn ffrogiau fflamenco ac mi ofynnais i'r hogia be oedd fwya rhywiol yn eu barn nhw: hogan mewn ffrog fflamenco dynn, neu mewn pâr o drowsus hipsters Britney Spearsaidd tyn tyn tyn? Doedden nhw ddim yn gallu penderfynu. Mae'r ffrogiau 'na'n dangos siâp corff merch yn hyfryd yn fy marn i, ac yn llawer mwy 'classy' na jîns tyn a G-string yn y golwg, ond dynion ydi dynion.

Rydan ni yma oherwydd ei bod hi'n ŵyl dathlu diwedd tymor yr ymladd teirw, a gawson ni fynd i weld y gystadleuaeth olaf un heno. Roedd y seddi rhataf i gyd wedi mynd ond roedd 'na ddigon o rai drud ar ôl, a hynny er bod tri o'r matadors gorau yn Sbaen wrthi. Roedd Xavier, ein tywysydd, wedi trefnu y bydden ni'n cael eu ffilmio'n paratoi, ond chawson ni ddim yn y diwedd. Mae'n debyg fod un ohonyn nhw, El Cordobes, yn sensitif iawn am fod y wasg ar ei ôl o'n ddiweddar. Mae ei wraig (enwog, ariannog) wedi ei adael o, ac er ei fod o'n honni mai'r El Cordobes gwreiddiol (un o'r matadors ucha eu parch erioed) oedd ei dad o, dydi pawb ddim yn ei gredu bellach.

Mae matadors yn sêr go iawn fan hyn, yn fwy o enwau na phêl-droedwyr hyd yn oed. Er, weles i lyfr Beckham mewn cyfieithiad Sbaeneg y diwrnod o'r blaen, ac mae 'na gryn dipyn o hogia bach yn gwisgo'i grys o. 'Pam ddim un o bêl-droedwyr Sbaen?' gofynnais. 'Ei ddelwedd o,' meddan nhw; 'mae pawb isio bywyd fel un Beckham.'

Fy marn am ymladd teirw? Mae'n gymhleth. Ydi, mae'n bendant yn greulon, ac ydi, mae'n annheg. Mae'r boi ar y ceffyl yn brifo'r tarw o ddifri o'r cychwyn cyntaf, fwy na heb. Iawn, mae'r cyw-fatadoriaid yn chwarae efo fo'n gynta, ond be maen nhw'n ei wneud yn y bôn ydi gwneud iddo fynd am y ceffyl – sydd â gwisg ddur amdano, felly mae'n berffaith ddiogel – fel bod y dyn ar ei gefn yn gallu plymio math o waywffon drwchus i ysgwydd y tarw er mwyn ei wanhau. Dydi hynna ddim yn deg, a dyna fo. Ond os bydd y marchog yn ei drywanu'n rhy giaidd, mae'r dorf yn cwyno'n arw; maen nhw am i'r sioe fod mor deg â phosib. Ond y gwir amdani ydi fod pawb yn gwybod pwy fydd yn ennill y ffeit. A dydi gweld tarw'n marw ddim yn beth braf. Gan amlaf, os ydi'r matador wedi rhoi'r farwol olaf yn y man cywir, mae'n marw'n syth bìn. Ond dydyn nhw ddim yn llwyddo i anelu'n gywir bob tro a dyna pryd fydd yr olygfa'n wirioneddol erchyll. Dwi ddim yn deall sut mae modd cael pleser allan o weld creadur o unrhyw fath yn marw. A dwi'n eitha siŵr bod y tarw'n gwybod be sydd ar fin digwydd. Pan fydd y traean olaf yn dechrau, mae'r miwsig yn chwarae a'r dorf yn cynhyrfu, ac mae'r teirw'n codi eu clustiau. Maen nhw eisoes wedi eu clwyfo, ac mae'n rhaid eu bod nhw'n meddwl: 'O, o . . . dyma ni. Mae 'na rywbeth mawr ar fin digwydd rŵan . . . '

Ond dwi hefyd yn sylweddoli nad ydi'r ffaith mod i'n bersonol ddim yn deall, yn golygu ei fod yn anghywir. Dwi wedi clywed gormod o draethu gan bobl 'sydd ddim yn deall' yn cwyno am ein ffordd ni o fyw yng nghefn gwlad Cymru. Mae 'na wastad ddwy ochr i bob stori, ac ro'n i isio cadw fy meddwl yn agored; ro'n i isio deall.

Ond gan nad oedd Xavier, y boi oedd efo fi, yn ffan mawr chwaith, roedd deall yn anodd. Yr hen foi drws nesa i mi oedd yn dysgu fwya i mi. Byddai'n codi ar ei draed a bloeddio 'Olé!' a 'Bueno!' pan fyddai'r matador yn gwneud symudiad oedd yn ei blesio, symudiad crefftus, gosgeiddig. A dyna sy'n plesio am y gamp, mae'n debyg – *arddull* y matador, fel barnu dawnsiwr ballet neu ganwr opera am wn i. Mae'n sicr yn fwy o gelfyddyd nag o gêm. Mae'r adroddiadau am yr ymladd teirw o dan bennawd y celfyddydau yn y papurau, nid yn y darn chwaraeon.

Ond doedd yr hen foi ddim yn hapus pan ddechreuodd

El Cordobes ddangos ei hun drwy osod ei dalcen yn erbyn talcen y tarw. Trio dangos ei fod o'n uffar o foi oedd El Cordobes am wn i, ond roedd y tarw druan jest â nogio ar y pryd, ac i mi, roedd o'n chwalu diferion olaf urddas y tarw druan a holl urddas y sioe yn ei chyfanrwydd. Dwi'm yn siŵr ai dyna pam fod yr hen foi wedi gwylltio gymaint, neu oedd o jest yn meddwl ei fod o'n bod yn hurt o wirion ta be, ond roedd 'na ran go fawr o'r dorf yn chwerthin a mwynhau'r stymantiau hyn. Ond doedd 'na neb yn hapus pan fethodd El Cordobes â lladd y tarw'n iawn yn y diwedd. Mae'r matador i fod i aros nes bod y tarw yn y safle perffaith, â'i ben i lawr a'i ysgwyddau ar led, ac yna, mae'r matador yn rhuthro a neidio i fyny'n sydyn a gosgeiddig ac yn plannu'r cleddyf yn yr union le sy'n mynd i ladd y tarw gyflyma – i lawr drwy'r ysgwydd i'r galon. Ond mi fethodd El Cordobes. Os ydi'r matador yn gorfod trywanu eto, mae'n colli pwyntiau. Ond roedd y tarw druan yn amlwg yn diodde ac mi ruthrodd rhai o dîm El Cordobes ato i'w helpu i'w ladd yn syth. Ond eu chwifio i ffwrdd wnaeth El Cordobes. Doedd o'm isio colli pwyntiau, a bu'n rhaid i ni i gyd wylio'r tarw'n marw'n erchyll o araf. Ro'n i eisoes wedi gweld dau fatador arall wrthi ac roedden nhw wedi gallu lladd eu teirw nhw heb ormod o artaith. Roedd hyn yn wahanol iawn a dwi byth isio gweld y fath beth eto.

Y gwir amdani ydi nad oes modd i neb (ar wahân i Ernest Hemingway) ddeall y gamp yn iawn oni bai eich bod wedi eich magu yma ac wedi eich trwytho yn y traddodiad. Ond dydi pob Sbaenwr ddim o'i blaid o bell ffordd, ac mae'n arbennig o amhoblogaidd yng Nghatalonia. Does 'na'm ymladd teirw o gwbl yn Barcelona bellach, wedi protestio mawr a deiseb wedi ei harwyddo gan dros 250,000 o bobl. Roedd 'na bobl yn Jaen oedd yn ei gasáu hefyd. Wel, un o leia.

Wedi gadael y cylch ymladd teirw, roedd gen i gur pen.

Ond efallai mai sŵn y ffiesta oedd yn gyfrifol am hynny. Roedden ni i gyd yn llwgu, ond doedd 'na unlle i fwyta yn y dre – roedd pawb yn y blydi ffiesta! Mi ddaethon ni o hyd i le bach digon difyr yn y diwedd, ac mi foddais fy nghur pen mewn Rioja.

Drannoeth, yn ôl â ni i Cordoba yn y glaw, ac roedd Heulwen yn sâl. Mae cwrw Sbaen dipyn cryfach na chwrw Cymru.

Crwydro'r gweithdai lledr a mwynhau'r arogl bendigedig, yna i'r Museo Taurino, amgueddfa ymladd teirw: bychan ond digon difyr. Ymysg y gwahanol bennau teirw wedi eu stwffio a'r crwyn sy'n dangos pa mor anferthol oedden nhw, roedd 'na wahanol wisgoedd matadors enwog o'r gorffennol, yn cynnwys rhai Manolete, yr un mwya enwog ohonyn nhw i gyd. Mi gafodd o 'i ladd gan darw yn 1947 ac yntau'n ddim ond 30 oed, ac mae'r lluniau ohono'n cael ei daflu i'r awyr yno, yn ogystal â'r crys roedd o'n ei wisgo ar y pryd – efo'r twll a'r gwaed yn amlwg. Mae croen Islero y tarw yn hongian ar y wal hefyd, ac roedd o'n slaff o anifail. Os oedd y teirw'n fawr, roedd y matadors 'ma'n ofnadwy o fychan – pob un yn hynod fain ac eiddil, ac roedd Manolete bron yn anorecsig, a hynny oherwydd plentyndod hynod dlawd mae'n debyg. Ond dynion main ac eiddil sy'n gallu symud gyflyma, yndê.

Aeth Heulwen a Jon i'r Burger King am ginio. Galwch ni'n snobs, ond roedd y syniad hwnnw'n codi croen gŵydd ar Haydn a finna, felly gawson ni frechdan *jamon Iberico* – oedd yn llawer drutach ond yn hyfryd. Burger King, wir . . .

Ges i wers fflamenco heno, a dyna be oedd lladdfa. Roedd o'n dipyn o sioc gan fod Maria, fy athrawes, wedi neidio'n syth i mewn i'r rwtîn 'ma heb ddysgu'r stepiau fesul chydig i mi. Nefi wen. Do'n i'm yn gwbod lle ro'n i. Ac os o'n i'n sbio ar ei thraed hi er mwyn gweld be ro'n i fod i'w wneud efo'r rheiny, doedd gen i'm syniad mwnci be i'w wneud efo mreichiau. Ond nes i fwynhau yn y diwedd – a ges i gadw fy sgidiau fflamenco! Mi wnes i fynnu eu cadw mlaen wedyn hefyd, achos ro'n i wrth fy modd yn clac-clacian ar hyd y lle. A dach chi'n gwbod be sy'n gwneud iddyn nhw 'glecian'? Llwyth o hoelion bychain wedi eu morthwylio i'r pen blaen a'r sawdl.

Gawson ni wylio'r sioe go iawn wedyn ac roedd Maria'n sefyll allan. Iechyd, roedd hi'n dda. Dwi wedi gweld dawnswyr fflamenco o'r blaen, ond roedd hon yn wych, yn bersonoliaeth wyllt, hyfryd i gyd. Hi oedd yr hogan fwya nobl o'r criw i gyd – nid ei bod hi'n fawr o bell ffordd, y lleill oedd yn fain – ond ganddi hi oedd y bersonoliaeth a'r steil a'r rhywioldeb. Roedd Jon wedi mopio'n lân. Ond mae'n rhaid i mi gyfadde, pan wnaeth y dyn tal mewn du â gwallt cyrls at ei ysgwyddau wneud ei solo ddigyfeiliant (heblaw am ei draed a'i ddwylo o), ro'n i'n gegrwth . . . Argol, mae'r fflamenco'n ddawns rywiol. A blydi anodd. Ond os bydd 'na rywun isio dechrau gwersi fflamenco rhywle yn sir Feirionnydd, mi fydda i yno fel siot.

20 Hydref

Teithio i Ronda, sy'n dref hynod dlws, hyd yn oed yn y glaw. Mae'n sefyll dros geunant hyfryd El Tajo, gyda'r hen dre ar un ochr i'r bont a'r dre newydd yr ochr arall. Y 'Puenta Nueva' ydi enw'r bont, sef 'y bont newydd', er ei bod hi yno er 1793. Mae 'na sôn fod y cynllunydd wedi taflu ei hun oddi arni wedi ei chwblhau am na allai o byth adeiladu dim byd cystal eto, ond mae 'na stori arall yn deud mai disgyn oddi arni wnaeth o, a hynny wrth drio cerfio'r dyddiad arni. Ond rwtsh ydi'r ddwy stori, mae'n debyg, gan iddo farw yn rhywle cwbl wahanol yn 1802.

Ro'n i jest â drysu isio prynu rwbath yn y siopau bach difyr yn yr hen dre, ond doedd 'na'm amser, roedden ni'n gorfod symud mlaen i'r Ysgol Hyfforddi Matadors . . . o na, 'mwy o ymladd blydi teirw,' meddyliais. Ond ges i siom o'r ochr orau. Oes, mae 'na fwy i'r matadors 'ma nag o'n i wedi sylweddoli, a dydi pawb ddim fel El Cordobes; gan mai Ronda ydi cartref ymladd teirw (mae'r cylch ymladd teirw ynghanol y dre yn dyddio'n ôl i 1785, a'r teulu Romero o Ronda sefydlodd y dull o ymladd rydan ni'n gyfarwydd ag o heddiw), dyma oedd y lle i ddysgu.

Buarth ysgol ynghanol blociau o fflatiau â graffiti dros y waliau oedd y man hyfforddi, a fan'no roedd cynfatador hynod glên ac annwyl o'r enw Juan Carlos yn rhoi gwersi i griw o fechgyn ifanc rhwng tua 8 a 17 oed. Dyna lle roedden nhw, mewn parau, rhai yn chwifio'u clogynnau pinc a choch, eraill yn rhedeg o gwmpas efo cyrn gwartheg yn eu dwylo yn esgus bod yn deirw, ac yn cymryd y peth wirioneddol o ddifri. Roedden nhw hyd yn oed yn defnyddio cert bychan yn llawn o wellt a chyrn tarw wedi eu clymu arno i ymarfer y symudiad o blannu'r cleddyf rhwng yr ysgwyddau. Roedd o mor debyg i ballet, a'r pwyslais ar wneud bob dim yn araf a gosgeiddig – tan y diwedd. 'Ti'n gweld,' meddai Juan Carlos, 'pan mae'r matador yn wynebu'r tarw am y tro ola, mae o'n sbio i fyw ei lygaid o, yn siarad efo fo, yn dangos iddo fo pwy ydi'r bòs. Yn y pen mae bob dim, ac mae'n frwydr seicolegol yn ogystal â chorfforol.'

Roedd un o'r hogia'n ymarfer yr union beth efo'r cert gwellt, ei gleddyf yn gadarn uwch ei ben, yn siarad yn isel, a'i lygaid wedi eu hoelio ar y fan byddai llygaid y tarw. Bron nad oedd o'n trio hypnoteiddio'r anifail/cert. Ond roedd o wedi lladd un tarw'n barod: '*Soy hombre!*' (dwi'n ddyn!) meddai, ac roedd hi'n eitha amlwg mai fo oedd y seren ymysg y disgyblion. Roedd ei lofft o'n llawn o luniau matadors enwog, meddai, ac mi addawodd yrru ei lun i mi pan fydd yntau'n fatador enwog. *Pan* – nid os. Ro'n i wedi dotio at yr hogia 'ma a'u hathro, a rŵan dwi wedi drysu'n rhacs ynglŷn â'r holl fusnes. Mae 'na ddwy ochr i'r stori yn bendant.

21 Hydref

Teithio mlaen i Marbella neithiwr, rhywle do'n i ddim ar dân i'w weld. Efallai bod Antonia Banderas a Julio Iglesias yn hoffi'r lle, ond mae 'na gant-a-mil o Brydeinwyr yn byw yma hefyd, a dwi ddim yn ffan o drefi felly (cofiwch Lloret de Mar, 1982) ac roedd yr holl arwyddion Saesneg yn fy ngwylltio'n syth. Ro'n i'n gwybod na fyddwn i'n mwynhau fy hun yma. 'Ti'n benderfynol o beidio taset ti'n onest,' meddai Jonathan. Falle wir, ond dwi'm wedi gweld llawer i newid fy meddwl hyd yma. Yn un peth, mae'r gwesty 'ma'n dwll. Mae o'n gyfleus oherwydd ei fod o ynghanol y dre, ond does 'na'm maes parcio. Rydan ni'n gorfod mynd i faes parcio cyhoeddus sydd yn blwmin pell, ac roedd cario a llusgo'r holl fagiau i'r stafelloedd o'r stryd yn artaith. Dwi'n meddwl bod Heulwen druan wedi disgwyl pwll nofio o leia. Ha! Na, mae pob gwesty efo pwll neu draeth yn costio ffortiwn yn y pen yma o Sbaen. Roedd 'na goblyn o sŵn pobl feddw yn y stryd oddi tanaf fi neithiwr, ond mi gysgais fel babi am mod i wedi blino'n rhacs.

Gawson ni ddiwrnod rhydd heddiw, ond mi wnaeth Haydn, Heulwen a finna dreulio ei hanner o'n chwilio am *%$£! launderette! (Dwi'm yn siŵr pam na wnaeth Jonathan drafferthu.) Maen nhw'n bethau prin, a phan gawson ni hyd i un yn y diwedd, doedd dim modd i ni wneud y golchi ein hunain ac roedd yn rhaid i ni wagu'n bagiau er mwyn i'r ddynes eu rhoi mewn llwythi lliw, gwyn ayyb. Ro'n i wedi bod yn ddigon call i olchi fy nillad isa mewn amrywiol stafelloedd molchi ar hyd y ffordd, ond doedd Heulwen ddim. Roedd y greadures yn gochbiws wrth i'r ddynes dyrchu drwy ei bras a'i nicyrs o flaen pawb.

Gwahanu wedyn a phawb yn gwneud ei beth ei hun. Aeth Haydn am dro, Heulwen i siopa, a Jon i chwarae golff. Mi fues i'n torheulo ar y traeth am chydig, yn mynd dros fy nodiadau. Roedd o'n draeth iawn, dim byd arbennig, ac er bod 'na gryn dipyn o Sbaenwyr yno, roedd yr acenion Cockney un ai'n uwch na phawb arall neu jest yn cario'n bellach yn y gwynt. Nes i fentro i'r môr, ond dim ond at fy mhen ôl gan ei fod o'n rhewi.

22 Hydref

Mae ganddon ni dywyswraig wahanol iawn efo ni yn fan'ma. Auxi ydi ei henw hi, *peroxide blonde* sydd ag arddull ffyrnig iawn o siarad. Roedd hi'n codi ofn arna i i ddechra, yn enwedig wrth yrru'r car. 'Pa ffordd rŵan?' gofynnais yn glên. 'YOU GO RIGHT!' gwaeddodd hithau. Ond roedd 'na fflyd o draffig yn dod o'r dde. 'RIGHT! RIGHT!' meddai wedyn yn flin. Howld on Defi John, ti isio i ni gael damwain? Erbyn dallt, tydi hi'm yn gyrru ei hun. Mae hynna'n egluro cryn dipyn.

Wrth i'r diwrnod fynd yn ei flaen, roedd Auxi'n ymlacio ac mi wnes i fentro gofyn iddi am ei gwaith fel tywyswraig. Mi ddywedodd ei bod hi'n cael llwyth o gwestiynau hurt gan dramorwyr, ond mai'r Americanwyr sy'n gofyn y rhai hurtia. Roedd hi wedi mynd â chriw i weld coed olewydd. 'Lle dach chi'n tyfu'r *olives* sydd ag *anchovies* ynddyn nhw?' gofynnodd un. 'Ro'n i'n meddwl mai tynnu arna i oedd o,' meddai Auxi, 'felly nes i ddeud "O, yn y môr wrth gwrs. Mae'r *anchovies* yn nofio i mewn i'r tyllau yn yr *olives* . . ." 'O ia, wrth gwrs,' meddai'r Americanwyr, yn credu pob gair.

Mae 'na rannau o Marbella sy'n ddigon del, felly mae 'na fwy iddi na'r erchyllterau moethus, plastig ger y traeth, ac mae 'na dipyn o Sbaeneg i'w glywed yma. Mae pobl y siopau a'r caffis yn barod iawn i sgwrsio yn Sbaeneg efo fi yn hytrach nac ateb yn Saesneg bob tro, felly dydi hi ddim cweit fel Benidorm a Torremolinos yma, chwarae teg. Tre Sbaeneg ydi hi o hyd, ond mae'r holl 'Sbia pres sy gen i' a'r pwyslais ar *designer labels* yn codi pwys arna i.

Mae'r bwyd yn hurt o ddrud yma o'i gymharu â gweddill Sbaen, ond mae o'n dda. Ar un o'i grwydriadau, roedd Haydn wedi dod o hyd i le pysgod gwych wrth yr harbwr – dim ffrils o gwbl, byrddau plastig ac ati, ond llond tanciau o bysgod a chimychiaid ac ati yn y cefn fel eich bod chi'n gallu dewis pa un yn union dach chi am ei gael. Roedd fy sgodyn i a Haydn yn hyfryd, ond yn anffodus, doedd *swordfish* y lleill ddim wedi ei goginio cweit digon. O wel.

23 Hydref

Os oedd yr holl fflachio cyfoeth yn deud arna i ym Marbella, roedd Puerto Banus ganwaith gwaeth. Tref rhyw 5 km i'r Gorllewin o Marbella ydi hi, a dyma ble mae'r bobl gyfoethoca i gyd yn byw. Mae'r harbwr yn llawn o gychod sy'n werth mwy na phedair fferm yng Ngwynedd efo'i gilydd, ac maen nhw i gyd yn wyn ac yn sgleinio'n boenus yn yr haul. Mae angen morgais i fynd i siopa yno, gan fod bob dim yn Versace, Gucci a Calvin Klein, a does gen i'm mynedd efo obsesiwn pobl i wario ffortiwn ar ddillad a bagiau dim ond er mwyn y label. Ond pwy brynodd bâr o sgidie fflash yno? Ia, fi. Ond roedden nhw ar sêl – dim ond 24 euro ac roedden nhw'n digwydd fy ffitio i.

Jon oedd yn gyrru'n ôl y tro yma ac mi fynnodd Auxi ei fod o'n canu ei gorn ar y car o'n blaen am ei fod o mor araf yn symud o'r ffordd. 'We do it all the time,' meddai. Ac o . . . na, mi ddoth y ddynes allan o'r car aton ni – i ymddiheuro. Saesnes oedd hi, yn trio egluro bod y gŵr ddim yn dallt y dalltings eto. Mi naethon ni esgus mai Sbaenwyr oedden ni a gadael i Auxi wneud y siarad tra oedden ni gyd yn suddo'n is yn ein seddi a bochau Jon yn troi'n binc.

Ffarwelio efo Auxi a threulio oes yn fy ffilmio'n gyrru'r car ar ffordd Ronda wedyn, oedd yn hunllef. Mae'n ffordd brysur, droellog sy'n hynod boblogaidd efo ffyliaid ar foto beics, ac ro'n i'n gorfod gneud un tro tri-phwynt ar ôl y llall er mwyn i Haydn fy ffilmio'n pasio heibio'r gwahanol olygfeydd. Weles i ddwy ddamwain a gwynnu'n uffernol wrth i'r pennau bach 'ma fy mhasio ar gyflymder gwbl hurt. Argol, ro'n i'n falch pan oedd y cwbl drosodd.

Gorffen ein cyfnod o ffilmio yn Sbaen efo machlud bendigedig. Nes i ddeud yn fy narn i gamera bod Sbaen wedi curo Rwsia, ac mae'n gwbl wir. Ar wahân i Marbella, dwi wedi mwynhau pob munud yn y wlad hyfryd 'ma. Ond roedd gan y cwmni gryn dipyn i'w wneud efo fo a bod yn onest. Rydan ni i gyd wedi cael coblyn o hwyl yma, a dwi'n dod yn ôl.

25 Hydref

Gyrru i Gibraltar ddoe, ond does gen i ddim oll i'w ddeud am y lle. Wel, oes, mae gen i, ond dydi o'm yn neis. Pam ar y ddaear bod y ffasiwn dwll wedi creu'r holl helynt, dwn i ddim. Fis Awst eleni, roedden nhw'n dathlu tri chan mlynedd o fod dan reolaeth Prydain: tri chan mlynedd o gecru rhwng llywodraethau Prydain a Sbaen dros graig sydd ddim hyd yn oed yn dlws iawn. Ydi, mae o mewn lle da ar gyfer canolfan forwrol, ond twll ydi o heddiw. Os dach chi isio Prydain fach arall efo haul, a rhywle i brynu nwyddau'n rhad (mae bob dim yma yn *duty free*) iawn, ewch yno ar bob cyfri. Ond af i ddim yno eto. Iawn, ocê, roedd y cinio dydd Sul gawson ni yn nhafarn y Trafalgar yn flasus iawn (mae modd cael gormod o dapas, a does 'na'm byd yn curo Pwdin Efrog a grefi), ac roedd pawb yn glên ofnadwy, a'r epaod Barbary Maquaque yn ddigon difyr. Ond mae *Gib* fel maen nhw'n ei alw, yn fwy Prydeinig na Phrydain, yn Jaciau'r Undeb ar hyd y lle a chaffis *fish and chips* a siopau M&S a Safeways a'r *Full English* mwya seimllyd ges i yn fy myw. Ac maen nhw'n casáu'r Sbaenwyr â chas perffaith, a do'n i'm yn gyfforddus o gwbl efo hynna. Mi fydda i'n falch o adael y lle a 'dan ni'n mynd am ddeuddeg, diolch byth.

yr affrig
morocco

26 Hydref, 6.00 y bore

Dwi yn Morocco rŵan, ar falconi'n sbio i lawr dros ddinas hynafol Fez. Ond dim ond chwech y bore ydi hi a does 'na neb wedi deffro ond yr adar, ambell geiliog a mul. Mi wnes i gofio troi bysedd fy wats yn ôl ddwyawr ond mi anghofiais i'n llwyr am fy ffôn lôn a hwnnw ydi fy nghloc larwm i, felly mae gen i ddwyawr arall i aros am fy mrecwast. Alla i'm mynd yn ôl i gysgu – mae ngwallt i'n wlyb – a ph'un bynnag dwi wedi deffro a dyna fo. O leia ga i weld yr haul yn codi dros Fez. Mae'r gwesty 'ma'n ffantastig, wedi ei leoli ar ben y bryn sy'n sbio i lawr dros y ddinas hynafol, anhygoel 'ma. Mae'r décor yn hyfryd, y gwely'n anferthol a hynod gyfforddus, ac mae pob dim yn gweithio. Mae 'na fyd o wahaniaeth rhwng Gwesty Queens, Gibraltar, a fan'ma.

Ond roedd cyrraedd yma'n boen. Roedd y fferi i Morocco'n gadael o Algeciras, ond wedi gyrru'n hamddenol i fan'no gawson ni dipyn o fraw o ddeall bod amser y fferi wedi newid – byddai'n gadael awr yn gynharach na'r disgwyl. Ac roedd angen mynd â'r ddau gar i swyddfa Hertz – lle bynnag oedd honno – a'u llenwi efo petrol yn gynta neu mi fydden ni'n gorfod talu ffein. Aeth yr hogia i wneud hynny tra bu Heulwen a finna'n gofalu am y bagiau (llwyth ohonyn nhw, i chi gael dallt) a thrio ffendio lle'n union roedden ni i fod. Ond doedd 'na ddim trolis yn yr Estacion Maritim. Bu'n rhaid talu 30 euro i ddau foi fynd â nhw rhyw hanner can llath i lle roedden nhw'n meddwl y byddai'r bws yn cyrraedd i fynd â ni ar y fferi. Ond erbyn dod o hyd i'r ciosg cywir, dywedodd y boi yn fan'no nad oedd y fferi'n gadael o Algeciras rŵan ond o Tarifa – filltiroedd i lawr y lôn. Cyrhaeddodd Haydn a Jon yn chwys i gyd, ond bu'n rhaid aros oes am y bws oedd yn mynd â ni i Tarifa, ac erbyn cyrraedd, doedd 'na'm blydi trolis yn fan'no chwaith. Bu'n rhaid i ni'n pedwar gario'r bagiau trymion, annifyr mewn shiffts ar y fferi, a'r gweithwyr i gyd yn ein gwylio'n chwysu a bustachu'n ôl a mlaen ac i fyny'r gangwê hirfaith heb gynnig codi bys i'n helpu.

Roedden ni wedi meddwl ffilmio chydig o'r daith, ond doedd 'na nunlle addas i ffilmio ar y dam peth. Felly dyma syrthio'n chwyslyd ar gadeiriau efo bob o frechdan ddiflas iawn. A dach chi'n meddwl bod y joban 'ma'n *glamorous*?

Roedd 'na dipyn gwell trefn yr ochr arall yn Tangier. Roedd 'na griw ffilmio lleol (wel, o Rabat) yno i'n disgwyl, criw o ddynion hwyliog a chlên lwyddodd i'n hebrwng drwy'r tollau efo'r holl bapurach sydd ynghlwm ag offer ffilmio. Roedden nhw'n ymddiheuro am ei fod o'n cymryd gymaint o amser, ond wir yr, dyna'r tollau cyflyma eto! I mewn â ni i'r bws mini a Mustafa, ein gyrrwr rhadlon, yn siarad pymtheg y dwsin tra oedd o'n mynd â ni i ganol y dre. O fewn dim, roedden ni'n cerdded drwy strydoedd culion, tywyll, llawn merched mewn gwisgoedd llaes, ambell ful a dynion yn galw 'Bonjour' o'u siopau bychain lliwgar yn y waliau. Ro'n i isio prynu bob dim ro'n i'n ei weld, ond yma i weithio ydw i yndê. Roedd Jon am i mi sôn sut le ydi o i ferch ar ei phen ei hun, ond do'n i'm ar fy mhen fy hun, nagoeddwn? Roedd 'na ddau heddwas efo ni yn ogystal â'r holl griw ffilmio, felly doedd fiw i neb fy haslo.

Wedi ffilmio bob dim oedd yn bosib, roedden ni angen paned. Ond roedd hyn braidd yn annifyr gan ei bod hi'n Ramadan yma, sef cyfnod o fis pan dyw Moslemiaid ddim yn cael bwyta nag yfed (na smocio na chael rhyw) yn ystod y dydd, sef rhwng y wawr a'r machlud, felly roedd ein hebryngwyr jest yn gorfod diodde wrth sbio arnon ni – yn cael paned. Wel, sbio ar Haydn y dyn camera a finna (sydd ein dau yn ein 40au) efo'n te mintys Morocaidd. Roedd Jonathan a Heulwen (yn eu 20au) wedi mynd ar eu pennau i'r McDonald's agosa. Ond dyna fo, roedden nhw wedi bod yn gneud yr un peth yn Sbaen. Dwi'n poeni am y genhedlaeth iau 'ma.

Ond rhaid cyfadde nad oedd gan Haydn a finna fawr o awydd bwyd gan fod ein stumogau fymryn bach yn fregus. Rheswm arall pam nad a' i'n ôl i Gibraltar.

Ta waeth, ymlaen â ni am Fez efo'r dau o'r tri boi fydd efo ni am yr wythnos – Mustafa y gyrrwr a Marwan y fficsar. Amin ydi'r ail fficsar, ond y drefn ydi bod un yn teithio o'n blaenau ni i drefnu pob dim, ac roedd o eisoes wedi gadael. Mae Marwan ac yntau newydd dreulio naw mis yn gweithio fel rheolwyr lleoliad ar y ffilm *Sahara* efo Penelope Cruz, a chyn hynny roedden nhw'n gweithio ar *Kingdom of Heaven* efo Angelina Jolie ac Orlando Bloom. A rŵan – maen nhw efo ni!

Roedd hi'n dechrau tywyllu erbyn i ni gyrraedd Asila, felly roedd Marwan a Mustafa'n cael bwyta o'r diwedd – oedd yn golygu ein bod ninnau'n cael gwneud hefyd. Roedd Mustafa'n amlwg yn nabod perchnogion y tŷ bwyta'n dda iawn; cyn pen dim, roedd 'na ddatys, rhyw fath o fara a chacennau arbennig ar gyfer cyfnod Ramadan, cawl, bwyd môr, cwscws a diod *lassi* o'n blaenau ni. Mae'n siŵr y bydden ni wedi gallu archebu rhywbeth arall, ond yn ystod Ramadan, dyma sydd ar y fwydlen. Ac roedd o'n hyfryd. Cyhoeddodd Heulwen mai dyna'r pryd gorau iddi ei flasu drwy'r daith i gyd hyd yma. Gawson ni gyfle i weld chydig o'r dre hefyd, ac roedd hi'n ddel iawn, llawer iawn delach na Tangier. Roedd yr adeiladau i gyd yn wyn llachar a'r drysau a'r ffenestri i gyd yn wahanol fathau o las a gwyrddlas.

Mae Mustafa'n ddiawl o gês, byth yn stopio siarad a chwerthin, ac mae o wedi dysgu rhywfaint o Arabeg i ni: 'Shwcran' ydi diolch, a 'Salaam a leicwm' ydi helô.

Dwi'm yn cofio faint o'r gloch gyrhaeddon ni Fez, achos ro'n i'n cysgu ar fy nhraed ac aethon ni i gyd yn syth i'n gwelyau. Dechra'n gynnar bore fory.

27 Hydref

Mae'r lle 'ma'n wefreiddiol. Dwi newydd wylio'r haul yn machlud dros Fez i gyfeiliant y *muezzin* yn canu o'r gwahanol fosgs, un yn dechrau yn un pen o'r ddinas a mynd fel dominos nes roedden nhw i gyd wrthi. Bron

nad oedd o'n swnio fel y Grand Prix. Mae pwll nofio'r
gwesty'n sgleinio oddi tanaf fi – ond dydan ni'm wedi
cael amser i'w ddefnyddio. Mi allwn i fynd rŵan mae'n
debyg, ond mae'n rhy oer, a ph'un bynnag, mae'n amser
gwely a dwi'n cysgu ar fy nhraed.

Mi fuon ni'n crwydro yn y Medina anferthol drwy'r
dydd heddiw, ond roedd angen llygaid yng nghefn eich
pen gan fod y strydoedd yn gulach na rhai Tangier hyd
yn oed, a mulod yn cario llwythau anferthol yn trotian ar
hyd-ddyn nhw, carlamu weithiau, a'r dynion ar eu cefnau
yn gweiddi rhybudd efo chwarter eiliad i'w sbario. Mae
'na ddamweiniau'n digwydd yn reit aml, mae'n debyg.

Doedden ni ddim yn cael mynd i mewn i'r mosgs, ond
roedden ni'n gallu gweld drwy'r drysau ac roedden
nhw'n edrych yn fendigedig. Ond ges i fynd i mewn i
ddosbarth ysgol feithrin Koranaidd, lle roedd 'na ryw
ddeg o blant bach dela 'rioed yn gweiddi'r Koran a'u
rhifau yn Arabeg. Dim ond twll tywyll yn y wal oedd eu
stafell ddosbarth nhw, efo un bwrdd du a dyna fo. Ond
roedden nhw i'w gweld yn eitha bodlon eu byd yno, ac
yn chwerthin fel pethau gwirion am bob dim. Mi fues i
mewn tanerdy hefyd, lle maen nhw'n trin a lliwio crwyn
yn yr un ffordd ers 800 mlynedd, sef tywallt bob math o
gynhwysion od, yn cynnwys baw sguthanod, olew pysgod
a phi-pi gwartheg (meddan nhw), i mewn i botiau mawr
crwn yn y ddaear, ac yna mae'r dynion yn dringo i mewn
iddyn nhw i stwnsho'r crwyn yn iawn efo'u traed a'u
troi'n felyn, glas, piws, a gwyn – bob lliw dan haul.
Roedden nhw wedi'n rhybuddio fod 'na ddrewdod
anhygoel yno, ond duwcs, doedd o'm yn ddrwg; dwi'n
cofio drewdod llawer gwaeth yn dod o'r Tanws yn
Nolgellau ar ddiwrnod poeth o haf yn y saithdegau. Ond
rhaid cyfadde, fel roedd yr haul yn c'nesu, roedd yr
ogla'n gwaethygu.

Mi fyddai'n ddigon hawdd mynd ar goll yn rhacs yn y

Medina tasech chi ar eich pen eich hun, ond roedden ni'n rhan o gonfoi hir o ddau fficsar a Mustafa'r gyrrwr a dau blismon drwy'r amser. Roedd bob dim dan haul ar werth yno, ond doedd gen i'm diram goch i f'enw. Mi ges fy nhemtio'n arw gan y carpedi, ond mae Mustafa'n deud y cawn ni brisiau gwell yn Erfoud.

Dwi'n methu dod dros pa mor glên a chyfeillgar ydi pawb, ond dwi'n eitha siŵr bod y ffaith mod i'n gwisgo sgarff am fy mhen yn help i ddenu gwên. Dangos parch, dyna ydi o.

Mae Heulwen a Jonathan yn dal yn y bar lawr staer, ond aeth Haydn a finna i'n gwelyau'n gynnar yn blant da. Diffyg stamina? Mae'n debyg.

28 Hydref

'Casablanca' ydi enw Heulwen bellach, yn ôl Mustafa, wedi iddi wagu coffrau'r gwesty o'r cwrw Casablanca – a bob dim arall neithiwr. Doedd Jonathan ddim yn gallu cadw i fyny efo hi, mae'n debyg, a doedd Mustafa a Marwan ddim yn gallu credu eu llygaid. Wrth gwrs, oherwydd Ramadan, roedden nhw'n methu yfed o gwbl felly maen nhw'n cofio pob manylyn ac wedi bod yn cael modd i fyw drwy'r dydd yn tynnu ar y ddau arall. Roedd Heulwen fymryn yn welw drwy'r dydd, yn enwedig gan mai diwrnod hir o deithio yn y bws mini gawson ni. Ond o leia roedd y ddau wedi llwyddo i ddysgu tipyn o Gymraeg i Mustafa neithiwr – mi gawson ni'n cyfarch ganddo efo 'Bore da', 'Mae'n rhemp' a ''Na beth od' bore 'ma.

Dwi wedi darganfod nad ydi pawb mor hynod glên yma wedi'r cwbl. Pan es i i lawr am frecwast bore 'ma, roedd y sgarff (hyfryd, drud, ffefryn ers blynyddoedd) ro'n i'n ei wisgo ddoe ar y gwely, yn barod i mi ei wisgo er mwyn cael fy ffilmio'n gadael y Medina bore 'ma. Ond pan es i'n ôl, doedd o'm yno. Nes i chwilio ymhobman, yn fy magiau, dan y gwely, ond doedd 'na'm golwg ohono fo. Ro'n i wedi meddwl bod 'na olwg ryfedd ar wyneb y forwyn ddoth allan o fy llofft i fel ro'n i'n cerdded ar hyd y landing, ond be allwn i ei wneud? Do'n i'm isio cyhuddo neb, a phun bynnag, doedd gen i'm prawf, nagoedd? Felly mae hynna wedi bygro dilyniant y ffilmio ac wedi fy ngwylltio i'n rhacs! Roedd gen i feddwl y byd o'r sgarff yna!

Wedi fy ffilmio'n dod drwy byrth y Medina – heb sgarff – ymlaen â ni am Midelt, sy'n dipyn o daith. Mi wnaethon ni stopio am ginio yn Ifrane, tref fechan llawn chalets Alpaidd, gafodd ei hadeiladu yn y 1930au gan y Ffrancwyr fel canolfan sgio. Ia, sgio. Mae'n gallu bod reit oer yma, felly mae'n edrych yn gwbl wahanol i weddill y wlad, yn hynod wyrdd ac Ewropeaidd. Mi wnes i ddewis *pastilla* i'w fwyta – sef math o *eccles cake* fawr efo mins a nionod ac ati tu mewn a hanner tunnell o siwgr a sinamon drosti. Roedd hi'n neis am y ddwy gegiad gynta, ond es i i deimlo fymryn yn sâl wedyn.

Ymlaen â ni eto a phasio'r Cèdre Gouraud, y goeden gedrwydden hynaf ym Morocco, sydd yn ôl yr hanes dros 800 mlwydd oed, ond roedd hi wedi hen farw. Roedd 'na ddwsinau o stondinau o'i chwmpas hi er hynny, yn gwerthu ffosiliau *ammonite* a darnau o farmor du wedi ei ffosileiddio. Doedden nhw ddim yn ddrud, felly mi brynais i dri. Mae Daniel fy nai wrth ei fodd efo deinosoriaid, ac mae'r rhain o tua'r un cyfnod am wn i.

Twll o le ydi Midelt, fawr mwy na rhywle i basio drwadd a llenwi'r tanc petrol, ond rydan ni'n aros yma dros nos, a hynny mewn gwesty digon di-ddim. Ond roedd y *tagine* ges i i swper yn hyfryd. Mi fynnodd Mustafa ein bod ni'n mynd am ddiod i'w westy o wedyn. Waw. Kasbah oedd o, hyfryd o le, braidd yn newydd, ond

crand iawn o'i gymharu â'n gwesty ni. Dwi'm cweit yn
dallt pam fod y gyrrwr yn cael aros mewn gwesty
cymaint gwell na ni, ond dyna fo. Roedd Mustafa'n
gwneud ei orau glas i gael Heulwen i yfed, ond doedd
ganddi fawr o awydd, y greadures, ac roedden ni i gyd
wedi nogio. Mi ddalltodd Amin a Marwan hynny ymhen
tipyn, ac o'r diwedd mi gawson ni fynd i'n gwelyau.

29 Hydref

Nes i ddeffro am 3.30 am ryw reswm, a chael trafferth
mynd nôl i gysgu wedyn. Cael fy neffro wedyn gan y
muezzin tua 4.30, ac yna mi glywais i sŵn anifeilaidd yn
agos iawn ata i. Ro'n i'n meddwl bod 'na *gecko* (math o
fadfall bychan) ar y gwely, ond nagoedd. Yn y gwely ta?
Nagoedd. Dallt wedyn mai fy stumog i oedd o.

Ar ôl brecwast, ffilmio rownd y dre ryw chydig, yna i
Kasbah Myriem – lleiandy a gweithdy, lle mae'r merched
Berber lleol yn gwneud carpedi. Y lleianod sy'n gofalu
am brynu'r gwlân a rhoi lle â tho iddyn nhw fynd ati, a
hefyd yn rhoi gwersi gwnïo a brodio i'r merched ifanc.
Does gan y criw ifanc ddim llwchyn o awydd dysgu sut i
wneud carpedi ar hyn o bryd, ac os bydd yr agwedd
honno'n parhau, mi fydd y grefft yn marw allan, ond
doedd hynny ddim i'w weld yn poeni'r ddynes oedd yn
egluro pob dim i mi. 'Dyna fo,' meddai, 'mae genod ifanc
yn licio dilyn y ffasiwn, a brodwaith sy'n eu plesio nhw
ar hyn o bryd.' Mae'r merched yma i gyd yn dlawd iawn,
ac mae gwneud y carpedi a'r darnau bychain o frodwaith
yn ffordd iddyn nhw ennill pres i fwydo'r teulu – a nhw
eu hunain os ydyn nhw'n weddwon neu'n ddibriod.
Dywedodd un o'r lleianod wrtha i fod rhai o'r genod iau
yn gwrthod priodi rŵan oherwydd fod hyn yn eu galluogi
i fod yn annibynnol; 'Be ydi'r pwynt i mi glymu fy hun i

ddyn sydd isio i mi slafio drosto fo?' meddai un o'r merched.

Ymlaen am Erfoud wedyn, trwy dirwedd wironeddol anhygoel. Roedd mynyddoedd yr Atlas yn hyfryd, gyda'r haul yn machlud yn oren llachar llachar, a lliwiau seicadelic ymhobman. Cyrraedd diffeithwch Erfoud o'r diwedd, a theimlo ein bod ni mewn byd arall. Fan'ma mae'r Sahara'n dechrau; mae pob dim yn felyn ac oren a brown, yn llwch a thywod, gydag ambell goeden balmwydd ac adeiladau kasbahaidd, tebyg i gestyll, yr un lliw â'r tywod. Mae twyni tywod y Sahara rhywle tua'r de, ond yn rhy bell i ni eu gweld o'r dre. Mae'r gwesty'n od – yn smart ond di-enaid a phethau ddim cweit wedi eu gorffen yn iawn. Ond erbyn deall, mi gafodd ei adeiladu ar frys ar gyfer criw y ffilm *Sahara*. Ond mae 'na bwll nofio yma, ac mi nes i neidio i mewn iddo fo'n syth – ond roedd o'n oer, yn frawychus o oer.

Gan nad oedd hi'n ddiwrnod marchnad go iawn, doedd 'na fawr o ddim ym marchnad Erfoud, heblaw miloedd ar filoedd o ddatys ac ambell ful a cheffylau hynod fain a merched mewn gwisgoedd duon llaes efo trimings bob lliw. Felly aethon ni ymlaen i Rissani, gan fod yno farchnad awyr agored. Ro'n i wedi disgwyl rhywbeth mwy a bod yn onest, ond efallai mod i wedi cael fy sbwylio gan farchnadoedd arallfydol hurt o brysur Bida, y dref yn Nigeria lle fues i'n byw am ddwy flynedd. Doedd 'na fawr o neb yn fan'ma, a fawr o nwyddau chwaith, ond mi lwyddais i brynu chydig o gwmin a saffron.

Roedd Mustafa wedi bod yn pregethu wrthan ni o'r dechrau i beidio â phrynu dim yn Fez – y byddai 'na bethau llawer gwell a llawer rhatach yn Rissani efo rhyw deulu sy'n ffrindiau iddo fo, a'u bod nhw am baratoi pryd o fwyd arbennig i ni ac ati ac ati. Felly dyma ni'n ei ddilyn i'r tŷ 'ma, yn disgwyl gweld tŷ go iawn a theulu a

Llenni 'brise-
bise' Enez Eussa
(Ile d'Ouessant),
Llydaw.

Dim ond ffŵl fyddai'n mentro
nofio yn y pen yma o'r ynys.

Y dull o dywallt seidr
yng Ngogledd Sbaen.

Llyn Cavadonga yn y Picos de Europa.

'Pan mae'r matador yn wynebu'r tarw am y tro ola, mae o'n sbio i fyw ei lygaid o; mae'n frwydr seicolegol yn ogystal â chorfforol.'

Cludo Santes Teresa trwy dref Ávila.

Tanerdy Fez, Morocco.

Mae'r gwerthwr carped, o leia, yn edrych yn hapus.

Fel hyn mae criw ffilmio'n croesi'r diffeithwch.

Y criw yn cael hoe. O'r dde – Jonathan, Haydn a Heulwen.

Bethan Gwanas

Marwan

Jonathan Lewis

'Does 'na fawr o wahaniaeth rhwng merched a chamelod.'

Yr olygfa o ben camel!

Cartre'r teulu Berber ar gyrion y Sahara.

Dim *Playstations* fan hyn! Y plant Berber.

phlant ac ati. Ond blydi bazaar carpedi oedd o, yn ddynion mawr Tuareg i gyd a dim golwg o'r un wraig na phlentyn yn unlle. Pobl y Sahara sy'n gwisgo gwisgoedd gleision, llaes ac yn enwog am fod yn fois peryg ydi'r Tuareg; byddai'r Ffrancwyr yn eu galw'n '*les hommes bleus*' oherwydd eu dillad, ond dwi ddim yn gwbl argyhoeddedig mai Tuareg go iawn oedd rhain, ond Berbers sydd wedi sylweddoli bod y gwisgoedd gleision 'ma'n denu twristiaid. Ond efallai mai fi sy'n sinig. Ac yn syth bìn mi gawson ni'r perfformiad, sef y malu cachu hirfaith am y merched sy'n creu'r carpedi 'ma, yr awyrgylch sydd o'u cwmpas, eu dyheadau a'u breuddwydion yn cael eu trosglwyddo i'w kilims bla bla. Ond ro'n i angen carped, ac eisoes wedi gweld un ro'n i wedi ei hoffi'n arw yn Fez, felly dyma ofyn am un tebyg i hwnnw, ond yn llai. Mi ges i weld ugeiniau ohonyn nhw, yn cael eu taflu a'u taenu o mlaen i nes mod i'n gweld y bliws. Ro'n i'n hoffi un yn arw, ond roedd y Tuareg anferthol, brawychus oedd yn delio efo fi yn gwrthod rhoi unrhyw fath o syniad o'i bris i mi. Yn y diwedd, mi ddywedodd y cawn i ddau am £3,625. Bu bron i mi lewygu. FAINT?! Roedd y boi yma'n amlwg wedi arfer delio efo criw ffilmiau o Hollywood, nid criw bach o Gymru yn teithio'r byd ar y nesa peth i ddim. Mi wnes i'r camgymeriad o ddeud wedyn mai dim ond tua £200 o'n i wedi pasa gwario, sef fy mhris uchaf. Ond mi gymerodd o hynny fel fy mhris isaf. Chwarae teg, roedd Marwan ac Amin yn edrych yn anhapus iawn ac yn trio deud wrthan ni i beidio â phrynu dim yno, ond roedd 'na rywbeth mor fygythiol am y dyn mawr 'ma, doedd gen i'm llai na'i ofn o. Dwi'n meddwl mai Mohammed oedd ei enw o, ond doedd Mustafa ddim yn siŵr – rhyfedd, mae pobl sy'n 'gymaint o ffrindiau' yn gwybod enwau ei gilydd fel arfer. Roedd o'n f'atgoffa i o Wyn Roberts yr hypnotydd braidd, ac er mod i'n gwybod mod i'n gwneud peth gwirion, ac

yn cael fy ngwneud, mi brynais i garped mawr – am
£700. Mi gafodd Haydn ddau garped llai a Heulwen un
bychan, bach. Roedd Jonathan yn rhy gall i gael ei
ddenu, neu â gormod o ofn be fysa'i gariad o'n ddeud.

'Tell your film friends about us!' meddai'r Tuareg mawr
wrth i ni adael. 'Gwranda, does gen i'm "film friends"!'
meddwn yn flin, 'byw yn Rhydymain ydw i, nid Beverley
Hills!'

Ro'n i'n teimlo'n hynod flin am weddill y dydd, yn flin
efo'r Tuareg/Berber, yn flin efo fi'n hun ac yn flin efo
Mustafa – oedd yn amlwg wedi cael 'cut'. Iawn, ro'n i
wedi cael carped hynod o neis, ac efallai ei fod o werth
£700, dwn i'm, ond y ffordd ddigwyddodd o oedd yn fy
ngwylltio i – a Marwan ac Amin hefyd. Ro'n i wedi sylwi
bod Mustafa'n dechra mynd ar eu nerfau nhw, ac mae o
wedi dechra deud ar y gweddill ohonan ni hefyd erbyn
hyn. Mae o'n rêl pry clust – byth yn stopio siarad, yn
ailadrodd ei hun, yn deud jôcs dair gwaith, ac yna'n
egluro wrth y lleill eto yn Ffrangeg neu Arabeg er eu bod
nhw'n dallt Saesneg yn iawn, diolch yn fawr; ac mae o
wastad efo ni, nos a dydd. Roedd Amin wedi gwylltio'n
gacwn efo fo yn y farchnad: roedd 'na un boi wedi ei
gwneud hi'n eitha amlwg nad oedd o isio cael ei ffilmio.
Iawn, digon teg, a dyma Haydn yn symud ymlaen i
ffilmio rhywun arall. Ond mi ddechreuodd Mustafa gega
ar y dyn 'ma, yndo, a chreu helynt cwbl diangen. Mi
gydiodd Amin yn ei fraich a chael gair yn ei glust.

Ac a bod yn onest, dwi'n lwcus mod i'n dal yn fyw ar
ôl ambell siot ohonon ni'n gyrru yn y fan. Pan oedden ni
hanner ffordd rhwng Midelt ac Erfoud, roedd Haydn
wedi gweld bryncyn bychan fyddai'n ddelfrydol ar gyfer
ffilmio'r fan yn gyrru drwy'r llwch a'r mynyddoedd yn y
cefndir. Iawn, felly mi ddringodd y lleill y bryncyn, ac mi
arhosodd Mustafa a finna yn y fan i ddisgwyl yr alwad ar
y *walkie talkie*. Wrth gwrs, mae'n rhaid gwneud y siots

hyn fwy nag unwaith, a byddai Amin yn galw ar y *walkie talkie* i ddeud 'Tro rownd a gwna fo eto'. Ond yn lle arafu'n raddol a chwilio am le diogel i droi, byddai Mustafa'n ymateb fel rhywbeth allan o *Starsky and Hutch* ac yn gwneud tro pedol heb hyd yn oed sbio i weld os oedd y ffordd yn glir – ar gorneli weithiau! Bu bron i mi gael ffit pan ddaeth anferth o lorri fawr werdd rownd y gornel. A tydi lorïau ddim yn gyrru'n araf o bell ffordd ar hyd y ffyrdd 'ma. Mi wnes i drio egluro nad oedd rhaid troi'n syth bìn fel'na, ond roedd o fel siarad efo wal.

Mae o wedi rhoi'r gorau i wneud Ramadan rŵan, ac yn bwyta ar y slei bob cyfle gaiff o. Dydi o'm yn credu beth bynnag, medda fo, tydi o byth yn gweddïo, a byth yn mynd i'r mosg. 'Pam wyt ti'n dilyn Ramadan ta?' gofynnais. Am fod ganddo ofn i bawb arall sbio'n hyll arno. Mi fydd Marwan yn cnoi rhywbeth ar y slei weithiau hefyd, ond nid o flaen Mustafa. Dwi'n dechrau amau bod 'na gryn dipyn o dwyllo'n mynd mlaen yn ystod Ramadan.

Mi fynnodd Mustafa ddod efo ni ar gyfer y trip cynta i'r twyni tywod, er bod hynny'n golygu nad oedd 'na le i Marwan, a'r cwbl wnaeth y diawl diog wedyn oedd mynd i gysgu mewn rhyw gwt, yn lle ein helpu ni i gario'r holl offer ffilmio dros y twyni, fel y byddai Marwan wedi'i wneud. Argol, mae isio gras.

Mae'r daith at y twyni yn golygu awren mewn Landrover sy'n cael ei yrru gan ddyn lleol yn nillad llaes glas y Tuareg. A gyrru go iawn hefyd, nes ein bod ni a'n hoffer yn bownsio i bob man a chwmwl mawr o lwch y tu ôl i ni. A mwya sydyn, mae'r twyni o'ch blaen chi, yn union fel rhywbeth allan o ffilm, yn fawr ac yn felyn ac aur yn yr haul. Mae 'na rywbeth hudol amdanyn nhw yn bendant, ac maen nhw'n newid eu lliw yn llwyr o flaen eich llygaid. Wrth i'r haul fachlud, mae'r aur yn troi'n goch a phinc a phiws, ac mae'r siapiau'n wefreiddiol, yn rhubanau a thonnau a chlogwyni amhosib o serth, ac mi allwn i fod wedi eistedd yno'n syllu arnyn nhw am oriau. Ond doedd 'na'm amser i wneud hynny: roedd Haydn mewn byd isio cyrraedd top un o'r rhai uchaf mewn pryd i allu ffilmio'r haul yn machlud, ond tydi dringo twyni tywod y Sahara ddim yn hawdd. A deud y gwir, mae'n lladdfa, yn enwedig efo stwff ffilmio. Dach chi'n cymryd un cam ymlaen a thri am yn ôl, ac ro'n i fel tomato erbyn cyrraedd pen y bryncyn roedd Haydn yn anelu amdano. Lwcus bod Ibrahim, bachgen Tuareg lleol, wedi ein gweld ni a'n dysgu ei bod hi'n haws cerdded dros y twyni'n droednoeth, a bod 'na ffordd o bigo'r llwybr hawsa. Mi ges i fenthyg ei wisg laes, glas llachar o wedyn, y penwisg a bob dim, a chael fy synnu ei bod hi mor braf, hyd yn oed dros fy nillad chwyslyd i. Glas ydi'r lliw gorau ar gyfer yr anialwch, medda fo, ac mae o'n cadw'r pryfed draw. A wir yr, doedd 'na'm pry ar ei gyfyl o, tra oedd crys llwyd/khaki Jonathan yn garped ohonyn nhw (ac yntau wedi bod ar gwrs oedd wedi deud mai hwnnw oedd y lliw gorau ar gyfer atal pryfed). Mi ddywedodd Ibrahim hefyd bod 'na bobl efo cricmala yn heidio i'r Sahara yn yr haf, pan mae'r tywod yn ferwedig. Mae'n debyg bod y Tuareg yn cloddio tyllau iddyn nhw, yna'n eu gorchuddio efo'r tywod berwedig, rhoi ambarels dros eu pennau a'u cadw'n hapus efo diod am ryw 10–20 munud, cyn eu gollwng yn rhydd eto. Mae'n debyg ei fod o'n gwneud byd o les i'r cricmala. Be dwi'n methu ei ddallt ydi pwy oedd y cynta i gael y fath syniad. Rhywun wedi ei gladdu at ei ben fel cosb ddywedodd wedyn, 'Diawch, dwi'n teimlo'n grêt rŵan . . . '?

Drannoeth, roedden ni gyd ar ein traed cyn tri y bore er mwyn dringo'r twyni eto, i ffilmio'r wawr (heb Mustafa, diolch byth). Ond y tro 'ma, roedd ganddon ni gamelod. A dyna'r profiad gorau eto: dychmygwch awyr lliw glas tywyll, lleuad lawn a môr o sêr uwch eich pen, a dach chi ar gefn camel yn dringo'n araf am y gorllewin yn y tawelwch perffaith. Wel, tawel ar wahân i wichfeydd Heulwen bob tro roedd ei chamel hi'n symud, a hwnnw'n tuchan a chwyno yn gyfeiliant iddi. Doedd yr un camel arall yn tuchan. Beryg fod gan y creadur ofn gwichfeydd Heulwen, bechod. Ac wedyn roedd Jonathan yn cwyno'n arw fod symudiad ei gamel o'n brifo ei . . . wel, ei dacl yn arw. 'Ia ia . . .' meddwn, 'does 'na'r un dyn arall yn cwyno. Ti'n trio gneud i ni feddwl dy fod ti'n fwy nobl na phawb arall?' Wedyn, gan fod y boi mwya o'r criw – Marwan – wedi cael y camel lleiaf un, ac yn edrych yn gwbl hurt efo'i draed yn llusgo yn y tywod, allwn i'm peidio â chwerthin nes mod i'n sâl bob tro ro'n i'n troi i sbio arno fo. Mae 'na hen ddywediad gan bobl yr anialwch: 'Fe dynnodd Allah bob dim byw o'r anialwch, yn ddynion ac anifeiliaid, er mwyn iddo fod ag un man yn y byd lle y gallai gerdded mewn heddwch . . .' Doedd 'na'm heddwch iddo fo efo'n criw ni yn gwneud y ffasiwn sŵn.

Roedd yr haul yn codi'n gyflym, ac roedd Haydn yn gweiddi nerth ei ben i drio fy nghael i, dau gamel a dau dywysydd i gerdded ar hyd yr union linell roedd o isio er mwyn cael y siot berffaith. Doedd hyn ddim yn hawdd. Wedi i Haydn weiddi ar draws y twyni arna i, a Marwan yn gweiddi wedyn yn Arabeg ar y ddau dywysydd, mi fyddai'r ddau foi druan yn troi ata i a deud 'C'est difficile pour les dromedaires . . .' – 'Mae hynna braidd yn anodd i gamel'. Ro'n i'n gallu gweld hynny. Mae 'na ambell allt ar y twyni 'na sy'n gyfystyr â black run ar lethr sgio, ond doedd Haydn ddim yn ddigon agos i weld hynny. Mi wnaethon ni ein gorau, ond bu'n rhaid i mi weiddi 'DIM UFFAR O BERYG!' fwy nag unwaith, a neidio oddi ar y camel er mwyn i hwnnw allu ddringo i fyny neu i lawr heb dorri ei goes a nghoes innau. Yn y cyfamser, roedd Haydn yn cael cathod. Roedd yr haul yn codi, damia, a ninnau ymhell o fod lle roedden ni i fod! Ond mi gafodd ei siots yn y diwedd, diolch byth.

Roedd yr holl gerdded yn ôl ac ymlaen ar ein camelod yn golygu mod i a'r ddau dywysydd wedi dod yn ffrindia mawr erbyn y diwedd, ac roedd un ohonyn nhw'n cynnig y pethau rhyfedda i mi. Dwi'n meddwl ei fod o wedi arfer efo twristiaid benywaidd, rhemp, hormonaidd o lefydd fel Hamburg a'r Bala oedd yn fwy na pharod am noson nwydus dan sêr y Sahara. Ond mae 'na le ac amser i bob dim, ac mi wnes i drio egluro nad oedd o'n syniad da, yn enwedig gan fod 'na gystal *zoom* ar gamera Haydn. Mi ddechreuodd fy nhywysydd roi mwytha i'w gamel. 'Sbia,' meddai yn Ffrangeg, 'ti'n gweld yr effaith dwi'n ei gael ar fy nghamel?' O'n, roedd y camel yn ymateb yn union fel cath; bron nad oedd yn canu grwndi. 'Dwi'n cael yr un effaith ar ferched, sti (a *gazelles* roedd o'n galw merched)'. O? Neis iawn. 'Does 'na fawr o wahaniaeth rhwng merched a chamelod . . . ' ychwanegodd. Wel, allwn i'm peidio, nes i ffrwydro chwerthin, yndo. Dwi'n meddwl bod hynny wedi ei ypsetio ryw fymryn, ond mi fynnodd roi ei gyfeiriad i mi ar ddarn o bapur wedyn, felly roedd o'n dal i feddwl bod ganddo obaith am ryw reswm.

Wedi ffarwelio â'n camelod a cheisio peidio â cherdded fel John Wayne, yn ôl â ni i'r gwesty ar gyflymder rhyfeddol a phawb a phopeth yn hedfan a neidio i fyny ac i lawr yr holl ffordd. Os oedd ein penolau ni'n brifo cynt . . . Ro'n i yn y blaen efo'r gyrrwr ac mi ges i sgwrs ddifyr iawn efo fo: fo oedd gyrrwr personol Gérard Depardieu pan oedden nhw'n ffilmio *Sahara,* medda fo. Felly roedd bochau fy mhen-ôl i'n eistedd yn union lle bu pen-ôl Gérard. Waw . . .

Wedi chydig oriau o gwsg, yna mymryn o nofio a thorheulo, yn ôl â ni i'r diffeithwch eto, at gartref teulu nomadaidd, sef mam a thad a phump o blant a gŵr y ferch hynaf sydd i gyd yn byw mewn pabell ar gyrion y Sahara. A dwi'n meddwl mai efo nhw dwi wedi cael yr amser mwya bendigedig a bythgofiadwy eto. Gan mai Amin oedd wedi trefnu'r cyfan, cyfaddefodd Jonathan ei fod yn poeni braidd – doedd ganddo'm syniad be oedden ni'n mynd i'w ffilmio efo nhw, ond y munud y gwelais i nhw, ro'n i'n berffaith, gwbl gyfforddus ac yn gwybod yn iawn be i'w wneud. Roedden nhw mor debyg i'r bobl ro'n i wedi arfer efo nhw yn Nigeria. Ac mae Haydn yn giamstar am allu dilyn ei reddf a ffilmio popeth sy'n digwydd. Roedd yntau'n hapus iawn ei fyd hefyd.

Roedden nhw'n paratoi bwyd i'w rannu efo ni, ac mi ges i wahoddiad i helpu. Roedd y mab hynaf yn siarad Ffrangeg, ond un o'r ieithoedd Berber oedd eu hiaith gyntaf nhw, ac mi gawson ni goblyn o hwyl yn dysgu ieithoedd ein gilydd wrth blicio nionod a thatws. Wedyn, tra o'n i'n trio gwasgu darn o does yn rhyw fath o grempog crwn, mi wnes i ddigwydd deud y gair 'crwn'. 'Ia, crwn,' meddai'r boi bach. Myn coblyn, roedd yr union air yn golygu'r un peth yn union yn eu hiaith nhw! Wel, dyna dwi'n meddwl ddywedodd o beth bynnag. Mi wnes i drio cofio sut i gyfri i ddeg yn Arabeg wedyn: rhywbeth fel 'wahed' ydi un, dwi'm yn cofio be ydi dau, ond 'tlata' ydi tri a 'chamsa' ydi pump. Roedd y plant wrth eu boddau'n fy nysgu, ac wedi gwirioni pan ddangosais i luniau o nghartre a nheulu iddyn nhw (fydda i byth yn teithio heb rheiny), felly mi wnes i roi'r llun o fy nhŷ yn yr eira iddyn nhw. Dydyn nhw'm yn gweld eira yn y Sahara.

Roedden nhw'n hynod o dlawd, pawb yn byw a chysgu yn y tamed pabell oedd ganddyn nhw, ac yn coginio mewn cwt bach pridd. Roedd ganddyn nhw 25 o eifr bychain brown, ond dwi'n dal ddim yn deall sut roedd rheiny'n llwyddo i bori yn y fath ddiffeithwch. Roedd 'na ambell wrych sych iawn yr olwg, ond dyna i gyd. Mae'n debyg eu bod nhw'n tyfu rhyw fath o gnydau yn rhywle, a rhwng rheiny a gwerthu ambell afr bob hyn a hyn roedden nhw'n llwyddo i fyw yn un teulu mawr cytûn.

Tra oedd y toes yn coginio, mi benderfynodd y fam wneud i mi edrych yn debycach i ddynes Berber: mi glymodd benwisg yn dynn am fy mhen a thynnu un o'i sgertiau crand dros fy mhen. Gan mod i ddwywaith ei maint hi, a'r sgert yn debycach i *tutu* na sgert laes amdana i, ro'n i'n edrych yn hurt, ac mi fu hi a'r plant yn chwerthin nes oedden nhw'n sâl. Ia, dwi'n cael yr effaith yna ar bobl mewn stafelloedd newid yn aml.

Roedd y swper gawson ni o does wedi'i lenwi â nionyn, tomatos, rhyw ddwy daten a phupur, yn wirioneddol fendigedig. Dros baned hyfryd o de mintys wedyn, mi ofynnodd gyrrwr y Landrover i mi:

'Wyt ti'n meddwl bod y math yma o fywyd yn ddiddorol?'

'Yndw, hynod ddiddorol,' meddwn.

'Ond mae'n uffernol o anodd arnyn nhw, sti,' meddai. 'Mi fu fy rhieni i'n byw fel'ma. Ond maen nhw'n byw yn y dre ers blynyddoedd rŵan, efo teledu a thrydan a dŵr tap ac ati. Ac mae 'na fwy a mwy o'r bobl nomadig hyn yn symud i'r dre. Wnei di'm gweld pobl fel rhain yn hir iawn eto.'

Roedd o'n iawn, wrth gwrs, ac er mod i'n dallt y dynfa at y dre a dŵr tap ac ati, mae'r peth yn drasig hefyd. Pan fydd y plant 'na'n sbio ar bedair wal y fflat, fyddan nhw'n hiraethu am eu dyddiau'n cysgu allan dan y sêr? Y noson honno, gyda'r te mintys yn fy llaw, y sêr yn disgleirio a'r plant yn canu i gyfeiliant drwm potel plastig, allwn i'm dychmygu bywyd gwell. Ond dwi wastad yn gallu mynd adre at fy nhrydan a'm *double glazing*, tydw. Ac eto . . . dwn i'm.

56

mali

8 Tachwedd 2004

Dwi wedi colli cownt o'r holl weithiau nes i ddeud mod
i'n mynd i Mali, a'r person arall yn deud 'Bali? Neis!'
Naci, Mali, Gorllewin yr Affrig, y wlad anferthol sydd jest
o dan Algeria a rhwng Mauritania, Burkina Faso, Niger,
Senegal, Guinea a'r Côte d'Ivoire. Ac ia, fan'no mae
Timbuktu, a naci, nid fan'no ydi'r brifddinas. Bamako ydi
honno, a fan'no roedd yr awyren yn glanio am naw
echnos, wedi 18 awr o deithio (i mi, o leia, llai i'r lleill
sy'n byw yn y de, a'r lleill y tro yma ydi Jonathan a
Haydn, ac roedden ni'n codi Annick ein fficsar yn Mharis
ar y ffordd). Ond dinas ydi dinas (fawr, lychlyd,
chwyslyd), ac roedden ni allan o fan'no ar ein pennau am
hanner awr wedi chwech y bore wedyn, yn bomio tua'r
dwyrain a thref Djenné.

Rydan ni'n teithio mewn dau gerbyd 4x4, yn cael eu
gyrru gan Abdullhai – coblyn o gês ddysgodd fi i
ddawnsio ger stondin oedd yn chwarae reggae ar ochr y
stryd yng nghanol nunlle, a Mamoudu, sy'n anodd iawn
ei ddeall; dydi ei Ffrangeg o ddim yn dda iawn, ac mae'r
creadur yn llwgu drwy'r dydd bob dydd oherwydd ei fod
o'n fwy crefyddol nac Abdullhai (a hogia Morocco) ac yn
dilyn rheolau Ramadan i'r llythyren. Bu'r ddau yn gyrru
am ddeg awr ddoe, dros 400 km, a hynny heb stopio ryw
lawer, dim ond i ffilmio mymryn a phi-pi y tu ôl i wrych
neu i ymestyn y cyhyrau. Dwi'n hen giamstar ar bi-pi y tu
ôl i wrych bellach, ond doedd o'm yn hawdd wrth i ni
ddynesu at y darnau diffaith. Roedd angen cerdded am
sbelan go lew i ddod o hyd i wrych digon mawr. Ac roedd

'na ddynion a gwartheg yn dod i'r golwg dragwyddol. Ac ambell gamel.

Dwi wedi cael fy mhlesio'n arw efo Mali hyd yma. Mae'r tirwedd, yr adeiladau a'r ffordd o fyw yn debyg iawn i Nigeria, dim ond bod 'na dipyn mwy o drefn ar bethau ym Mali. Mae ganddyn nhw ffyrdd tarmac mewn cyflwr eitha da yn un peth. Mae ganddyn nhw ddiwydiant twristiaeth iach, sy'n golygu bod pob gwesty (hyd yma) o safon hynod dderbyniol. Oes, mae 'na ambell un yn eitha elfennol, ond yn lân a thaclus, a dwi'm hyd yn oed wedi trafferthu i roi fy rhwyd atal mosgito i fyny eto achos does 'na'm mosgitos. Wir yr. Hyd yn oed pan mae'r pryfetach aflwydd o gwmpas, maen nhw'n ddof a diniwed a hawdd eu dal. Mi laddais i ryw ugain wrth deithio yn y car bore ddoe. Roedd o'n fwy difyr na phigo fy sblit-ends ac ro'n i wedi laru sgwennu ar y laptop. Ydi, mae hwnnw wedi dod efo fi hefyd – mae'n dod efo fi i bob man, ac er mod i'n ei gloi'n ddiogel bob tro dwi'n gadael fy llofft, dwi wir yn meddwl ei fod o'n ddiogel beth bynnag. Tydi dwyn ddim yn rhan o natur pobl Mali.

Mae pawb yn glên, croesawgar ac annwyl – wel, ar wahân i'r boi swyddogol o'r bwrdd ffilmiau sydd wedi dod efo ni (mater o raid er mwyn cael y gwaith papur angenrheidiol i gael ffilmio yma). Pry clust os welais i bry clust erioed, ond dyna fo, bardd ydi o, be dach chi'n ddisgwyl. Dydi o'n gwneud dim byd ond siarad yn ddibaid, a rhoi *running commentary* ar bob dim mae o'n ei weld – arwyddion ffyrdd, popeth. Does 'na neb isio bod yn yr un jîp â fo, ond am mod i'n siarad Ffrangeg, dwi'n cael ei gwmni o'n hynod aml.

Mae gweddill y tîm yn hyfryd: Dicko Hamadoun, arian byw o foi sy'n arbenigo ar fynd â thwristiaid am wyliau diwylliannol, ac yn ffan mawr o'r *blues* a Hendrix; ac mae Annick yn uffar o hogan iawn, yn nabod Mali'n dda ac yn digwydd bod yn un o ffrindiau pennaf Ali Farka Touré, y cerddor *blues* byd-enwog sydd wedi ennill Grammys a chwarae efo Ry Cooder. Pan glywodd pobl o'r tu allan i'r Affrig ei fiwsig am y tro cynta, mi fuon nhw'n deud mai dyma brawf fod y 'blues' yn deillio'n ôl i fiwsig traddodiadol Gorllewin yr Affrig. Ond naci, wedi bod yn gwrando ar recordiau John Lee Hooker ac eraill ers y 60au roedd Ali. Tydan ni'n bobl nawddoglyd, dwch? Yn anffodus, roedd o'n sâl iawn efo canser, meddai Annick, ond mi wnes i addo ar y pryd peidio â chyhoeddi hyn wrth neb. Erbyn i mi roi'r llyfr hwn at ei gilydd, aeth y canser yn drech na fo, a bu farw ym mis Mawrth 2006. Beth bynnag, dwi wrth fy modd yng nghwmni Annick, ac yn dysgu gymaint am Mali ganddi. A dwi'm yn dallt sut mae'n llwyddo i edrych mor *chic* a thrwsiadus bob amser a hithau heb haearn smwddio. Ond Ffrances ydi hi, 'de.

Mae Djenné yn enwog am fod pob un adeilad wedi'i greu allan o fwd, a mwd ydi'n gwesty ni hefyd. Mae'n rhyfeddol o braf yno lawr staer, ond mae'n stafelloedd cysgu ni ar y llawr ucha ac mae hi fymryn yn chwyslyd fanno. Oherwydd ei phensaernïaeth, fe gafodd Djenné ei henwi'n Safle Treftadaeth y Byd yn 1988, ac er mawr syndod i mi, mae'r adeiladau'n wirioneddol hen. Stwff da ydi mwd.

Mi godon ni'n gynnar eto heddiw er mwyn gallu ffilmio cyn i'r haul fynd yn rhy boeth. Ha. Roedd hi'n chwilboeth am wyth.

Cyfarfod y *maçons* (yr adeiladwyr) i ddechrau, a gweld sut maen nhw'n adeiladu a gofalu am yr adeiladau mwd. Maen nhw'n grefftwyr go iawn, yn cael eu hystyried fel artistiaid – efo elfen o hud a lledrith yn perthyn iddyn nhw. Mae'r grefft yn dyddio'n ôl i'r 15fed ganrif ac yn cymryd blynyddoedd i'w meistroli. Maen nhw'n dechrau'n ifanc – yn saith oed yn ôl fy *Bradt Travel Guide,* ond yn eu harddegau meddai'r *maître maçon* fues i'n siarad efo fo – am fod 'angen iddyn nhw fod yn ddigon cry' – sy'n gwneud synnwyr i mi. Maen nhw'n cymysgu llaid a dŵr am dridiau mewn pwll go fawr, wedyn yn gwneud brics a'u sychu yn yr haul. Wedi gosod rheiny yn eu lle, mae'r cyfan yn cael ei blastro efo haen arall o fwd – a fan'no mae'r grefft, a'r gyfrinach sy'n cael ei chadw gan y *maçons* a neb arall.

Ymlaen i ganol y dre wedyn, ac am ei bod hi'n ddydd Llun roedd 'na farchnad go fawr yno, ac un lawer gwell na'r rhai ym Morocco. Roedd hi'n llawer tebycach i farchnadoedd Nigeria, ac ro'n i'n teimlo'n gartrefol iawn ynghanol y môr o liwiau, arogleuon a phrysurdeb; merched prydferth, gosgeiddig yn cario llwythi trymion ar eu pennau (a babis ar eu cefnau) heb faglu unwaith wrth wau drwy'r holl bobl; dynion ar feics a moto-beics yn torri drwy'r cyfan heb falu dim; geifr, ieir, gwartheg a stondinau cig di-rewgell; powlenni bychain o gnau cola melyn a phinc; powlenni mawr yn llawn sebon cartre; powlenni mwy yn diferu efo ffrwythau, llysiau a deiliach; mwclis amryliw o gerrig a chlai; dynion yn mynd fel trenau ar eu peiriannau gwnïo Singer; wynebau yn datŵs a marciau gwahanol i ddynodi eu tras – a merched wedi tatŵio lipstic brown tywyll o amgylch eu gwefusau ac i lawr at eu genau; llwch, sŵn, gwres a chwys – roedd y cyfan yn mynd â fi'n ôl ugain mlynedd i fy nyddiau yn Gbara. Ew, nes i fwynhau.

Mi ges i fy synnu fod pobl mor hapus i gael eu ffilmio yn Djenné, ond maen nhw wedi hen arfer efo twristiaid snap-hapi yma bellach. Roedd 'na ambell un yn gwrthwynebu a rhai isio tâl, ond roedd pawb yn glên iawn. Fyddai hynna ddim wedi digwydd yn Nigeria. Un llun ar y slei ges i'r gyts i'w dynnu mewn marchnad yn Nigeria, er eu bod nhw'n fy nabod i'n iawn ar ôl dwy flynedd. Byd arall. Ond eto mor debyg.

Mae'r mosg yn anferthol, a dyna'r adeilad mwd

mwya'n y byd, ond doedden ni'm yn cael mynd i mewn. Mae 'na arwydd mawr y tu allan yn deud: *Entrée interdite aux non-Musulmans*; does 'na neb sy'n *non-Musulman* yn cael mynd i mewn ers i griw ffilmio o'r Eidal dynnu lluniau o ferched mewn bicinis yno. *Grazie*, hogia. Mae eich diffyg parch a synnwyr cyffredin wedi ei ddifetha ar gyfer pawb arall.

Ymlaen at ddynes o'r enw Pama Sinitao sy'n gwneud *bogolans*, sef defnydd wedi ei liwio'n batrymau hyfryd efo mwd, dail a rhisgl coed. Roedd gen i barch mawr at hon; roedd hi'n *entrepreneur* go iawn, wedi creu busnes llewyrchus iddi hi a'i theulu ond hefyd wedi bod yn mynd o amgylch pentrefi cyfagos yn hyfforddi merched eraill sut i'w gwneud nhw. Go dda hi. Ro'n i'n licio'r *bogolans* gymaint, mi brynais i un – am £26. Ro'n i wedi disgwyl iddyn nhw fod yn rhatach na hynna, ond mae'n debyg ei bod hi wedi hen arfer efo Americanwyr ariannog bellach. Mae o werth bob ceiniog a bod yn onest.

Mi fuon ni'n gwylio pawb yn gadael y farchnad wrth i'r haul fachlud, a mwya sydyn roedd y tunelli o fagiau plastig yn dod i'r golwg – yn chwyrlïo yn y gwynt, yn garpedi mewn corneli ac yn yr afon. Mae'r pethau'n bla. A sôn am bla, mae'r Pry Clust wedi bod yn siopa hefyd; mae o wedi prynu llond *calabash* o fêl. Roedd 'na 46 cacwn yn ei stafell wedyn medda fo. Grêt . . . ac mae o isio dod â'r stwff rownd Mali efo ni yn y car. Roedd Dicko isio'i ladd o.

Ges i sterics dros swper heno. Mae'r tŷ bwyta'n un awyr agored, felly yn y tywyllwch, a lampiau'n tywynnu uwch ein pennau, mae 'na gryn dipyn o bryfetach yn hedfan o gwmpas y lle. Rydach chi'n dysgu cadw eich llaw dros eich diod drwy'r amser ac i fwyta'n llawer cynt nag arfer. Dim problem. Mae Haydn a finna wedi hen arfer efo gwledydd llawn pryfed. Ond doedd Jonathan ddim. A dwi bron yn siŵr fod ei grys llachar o wyn yn eu denu nhw. Roedd y creadur fel melin wynt, yn gweiddi a gwichian ac ebychu bob tro y byddai rhywbeth yn glanio ar ei ysgwydd/fraich/blât. Mi fyswn i wedi bod rhywbeth tebyg tasen nhw'n fosgitos (plant y diafol) ond nid mosgitos oedden nhw. Doedd rhain ddim yn pigo, jest yn fawr, yn swnllyd a braidd yn drwsgl. Mae'n siŵr bod hyn yn swnio'n gas iawn, ond dyna un o'r golygfeydd mwya comic i mi eu gweld Ar y Lein eto. Ia, dwi'n gwybod, tydi hiwmor yn beth personol.

11 Tachwedd

Roedd hi'n dal yn dywyll pan godais i, ond roedden ni isio cychwyn am Mopti am 6.45. Ond aros am y lleill fu'r gyrwyr a Haydn a finna – am oes – a fi oedd yn gorfod rhannu efo'r Pry Clust eto, oedd yn trio adrodd ei gerddi i mi yr holl ffordd. Nes i ddeud mod i'm yn ddynes barddoniaeth o gwbwl – na, ddim hyd yn oed Shakespeare – ac mi gaeodd ei geg yn y diwedd a gawson ni i gyd lonydd.

Roedd Mopti fel popty, ond roedd cael mynd mewn *pinasse* ar hyd afon Niger yn hyfryd, gyda'r awel yn sychu'r chwys, a phlant yn gweiddi a chwerthin a chodi llaw a gofyn am 'Bic' (beiros) o'r glannau. Welais i 'rioed harbwr mor brysur, yn gychod mawr (y *pinasses*) a bychain (y *pirogues*) wedi'u cerfio o bren a'u taenu efo lliwiau llachar, baneri a nwyddau o bob math: pysgod wedi'u sychu, talpiau anferthol o halen o'r chwareli yn y gogledd; pobl yn gwerthu, prynu, trwsio, naddu, a phobl heb goesau neu freichiau'n cardota ar bob cornel ac yn hynod falch o unrhyw geiniog. Mae Annick yn deud nad oes 'na ïodin yn yr halen yma, felly mae pobl yn aml yn diodde efo goitrau a nodylau a phroblemau thyroid.

Wyddwn i 'rioed fod 'na ïodin mewn halen fel arfer, beth bynnag.

Rydan ni'n aros mewn gwesty reit grand fan hyn, ac mae'n costio dros ddwywaith mwy na'r un mwd yn Djenné. Ond a bod yn onest, roedd yn well gen i hwnnw. Gwely cynnar am ein bod ni'n gorfod codi efo'r wawr fory i gyrraedd gwlad y Dogon – rhywle dwi'n edrych ymlaen ato'n fwy na nunlle.

12 Tachwedd

Uchafbwynt y daith heb unrhyw amheuaeth oedd Gwlad y Dogon. Roedd y daith yno'n hir, a doedd codi am bump eto ddim yn hawdd. Ond dwi'n gallu cysgu yn unrhyw le (ffaith sydd wastad wedi synnu'r lleill, ond dwi'm yn meddwl y gallwn i ddal ati efo'r holl deithio oni bai am hynny) – hyd yn oed mewn 4x4 ar ffyrdd reit ddrwg – felly ro'n i'n edrych ymlaen at ddeffro wedi i ni gyrraedd. Ond roedd gan Dicko syniadau eraill. Roedd o'n mynnu fy neffro dragwyddol i ddangos sut roedd y tirwedd yn newid. Ro'n i'n agor fy llygaid yn ufudd, yn nodio mhen (heb weld unrhyw newid yn y tirwedd a bod yn onest), ac yn mynd yn ôl i gysgu nes i'r tirwedd 'newid' eto. Wedyn, roedd Dicko am fy addysgu am fiwsig a hanes ei wlad, felly ro'n i'n gorfod gwrando ar dapiau hirfaith a chyfieithiadau Dicko a brwydro'n galed i gadw fy llygaid ar agor. Peidiwch â nghamddeall i, roedd o'n ddiddorol iawn, ond ro'n i fel brechdan, a'r cyfan yn un lobsgows yn fy mhen i felly dwi'm yn cofio'r un gair bellach.

Roedden ni eisoes yn yr hyn sy'n cael ei alw gan dwristiaid yn 'Wlad y Dogon' – mae'n ardal fawr – ond ymlaen â ni dros y *plateau*, heibio i ddarnau o wyrdd llachar lle maen nhw'n tyfu nionod ger yr afonydd, ynghanol tirwedd sy'n sych ac yn oren. Gwylio pobl yn bustachu'n ôl ac ymlaen efo *calabashes* llawn dŵr o'r afon i ddyfrio'r nionod cyn i'r haul fynd yn rhy boeth. Soniodd Annick am gyfaill o Mali ddaeth i'w gweld yn Ffrainc ryw dro a synnu at bobl yn dyfrio'u gerddi efo pibelli dŵr, ac ysgwyd ei ben. 'Mae gynnon ni dipyn o ffordd i fynd eto,' meddai.

Roedd ganddon ninna dipyn o ffordd i fynd eto hefyd. Igam-ogamu i lawr ochr serth y *falaise* (dibyn) ac fe drodd y ffordd 'laterite' yn dywod mân. Heibio coed a gweiriach melyn ac ambell bentref bach o dai mwd efo plant yn chwerthin a chodi llaw arnon ni. Doedd Dicko ddim yn nabod y ffordd bellach, ond roedd 'na ŵr mawr solat o'r enw Macky efo ni erbyn hyn, Dogon go iawn. Cyrraedd pentref Dogo o'r diwedd, a chael y sioc ryfedda: llond gwlad o blant yn heidio o'n cwmpas ni, yn estyn ugeiniau o ddwylo i'w hysgwyd ac yn cyffwrdd fy mreichiau i gan chwerthin. Doedd y rhain yn amlwg ddim wedi arfer efo twristiaid. Wedyn dyma rhyw ŵr main efo drwm yn canu croeso i'r pentre i ni – fo oedd y *griot*, sef negesydd a chyfarchydd y pentre – ac mi fu'n fy nghyfarch am oes, yn gwenu fel giât a rhoi enw newydd i mi, sef '*Nantume*' – '*First lady* y pentre, sy'n dipyn o anrhydedd,' eglurodd Macky. Ro'n i'n gegrwth – nes i mi gael gwers sydyn ynglŷn â sut i gyfarch yn yr iaith frodorol. Roedd deud helô yn cymryd chwarter awr!

Aeth y *griot* â ni ar daith o amgylch y pentre wedyn, i'w gartref ei hun lle roedd ei ddwy wraig yn trwsio *calabashes* a gwneud pethau allan o raffia. Dyna waith traddodiadol gwragedd pob *griot*. Draw at y gof wedyn, lle roedd o a'i fab yn creu teclynnau haearn hynod gelfydd, a'i wragedd yn gwneud crochenwaith. Doedd 'na'r un wraig arall yn gwneud crochenwaith yn y pentre – mae gan bawb ei swydd benodol yn ôl y drefn Dogon. Taclus, yndê? Yna draw at yr *animiste*, sef math o ddyn hysbys sy'n gallu darogan y dyfodol. Mae'r rhan fwya o

bobl Dogon yn Foslemiaid bellach, ond mae 'na bentrefi
sy'n dal yn gwbl *animiste*, sef yn credu yn yr hen grefydd,
nid anhebyg i shamaniaeth. Mae'n grefydd gymhleth,
ryfeddol, ond yn y bôn maen nhw'n credu bod gan bob
dim naturiol ei enaid ei hun: cerrig, coed, y gwynt, bob
dim. Pentref felly ydi Dogo, felly mae'r dyn hysbys yn
ddyn pwysig iawn, wrth reswm, a dydi o byth yn dod
allan o'i dŷ bach tywyll fel arfer. Ond roedden ni angen
golau i'w ffilmio, a thra o'n i wedi bod ar y wibdaith
roedd Dicko a Macky wedi llwyddo i'w berswadio i ddod
allan i olau dydd. Wel, dyna i chi ddyn efo presenoldeb:
roedd o'n fychan ac yn fain ac yn hen, hen a'i lygaid
melyngoch a'i wyneb bendigedig yn gwbl ddisymud. Ro'n
i jest â drysu isio tynnu'i lun o, ond wnes i'm meiddio.
Mae 'na rai pobol sydd jest â gormod o urddas, rhywsut.
Gafaelodd ei ŵyr mewn *calabash* a phedwar darn o glai a
phedair pluen. Roedden nhw am weld a fyddai'n taith
adre yn un ddiogel. Dwi'm am ddeud be ddigwyddodd
wedyn, ond roedd o'n rhyfeddol – a do, mi gyrhaeddon
ni adre'n saff neu fyddwn i'm yn sgwennu hwn rŵan.
Diolch i'r *animiste*? Pwy a ŵyr.

Roedd Dogo'n f'atgoffa'n arw o Gbara; roedd yr
adeiladau mwd yr un fath yn union, y chwerthin a'r
croeso yr un mor frwd, a'r bywyd yr un mor syml. Does
gan y plant fawr ddim o ran dillad na theganau, ac roedd
sawl un yn cario trychfilod mawr duon – teganau o fath,
mae'n siŵr, a rhai o'r bechgyn iau â madfallod celain yn
eu dwylo. Eglurodd Macky eu bod nhw'n hoffi eu tynnu
fel lastig a'u dadberfeddu er mwyn gweld be sy y tu
mewn. Hm. Ac mae pobol yn meddwl bod ymladd
teirw'n greulon?! Ond dyna fo, taswn i'n hogyn bach yn
Dogo, mae'n debyg y baswn innau'n gwneud yr un peth
yn union.

Dogo, heb os nac oni bai, oedd uchafbwynt y daith ym
Mali i mi, ac mi ofynnodd y pentrefwyr wedyn a allen ni

eu helpu i godi ysgol i'r plant yno. Mi gawson nhw bres ganddon ni, wrth gwrs, ond mi fyddwn i wrth fy modd yn gallu helpu mwy arnyn nhw. Os bydd 'na rai ohonoch chi am deithio i Mali ryw dro (a dwi'n eich hannog i wneud – mae'n lle bendigedig – rhowch bolish ar eich Ffrangeg a byddwch yn barod am oriau meithion o deithio), efallai y gallech chi fynd â phecynnau bychain o feiros neu fapiau, llyfrau, unrhyw beth, i Bandiagara at Macky. A dyna fi mewn lle cas yn syth. Dwi'n eich annog i fynd yno, ond eto, mwya'n y byd o dwristiaid fydd yn mynd i bentrefi fel Dogo, mwya'n y byd y byddwn ni'n newid eu ffordd o fyw.

13 Tachwedd

Mi fuon ni ym mhentref Ende heddiw, pentref Dogon arall, ond roedden nhw wedi hen arfer efo twristiaid yn fan'no a phlant yn heidio o'n cwmpas i werthu pethau yn hytrach na'n cyfarch. Roedd o'n lle braf iawn, cofiwch, ond yn fymryn o siom ar ôl diniweidrwydd Dogo.

Mae Ende'n un o'r pentrefi bach del sydd wrth droed clogwyn Bandiagara, sy'n ymestyn am 200 km drwy ganol Mali. Ond nid y Dogon oedd y rhai cyntaf i fyw yma. Tan tua'r 14eg neu'r 15fed ganrif, y Tellem, pobl fychain, ryfedd oedd yma, yn byw mewn tai yn uchel i fyny ar y creigiau ac yn claddu eu meirwon mewn ogofâu hyd yn oed yn uwch na hynny. Mae hynny'n ffaith, ond mae'r Dogon yn adrodd straeon am bwerau arallfydol y Tellem, eu bod nhw'n gallu hedfan neu droi eu hunain yn gewri a gallu dringo i'r ogofâu gydag un cam yn unig. Wel os nad oedden nhw'n gallu hedfan, roedden nhw'n goblyn o ddringwyr; mae'r tai/beddi 'na yn y mannau rhyfedda. Mae'r Dogon yn ddringwyr reit dda hefyd – mae'r bobl sy'n dilyn crefydd yr *animistes* yn dal i roi cyrff eu meirwon yn y tyllau bychain ymhell i fyny'r graig. Dwi'n gwybod hyn achos mi wnes i ofyn be oedd y staeniau tywyll oedd yn llifo i lawr o'r tyllau: y cyrff yn pydru oedden nhw.

Yn y gwres llethol, fe ddringon ni i fyny at gartre'r Hogon, sef dyn hysbys digon tebyg i'r un yn Dogo, dim ond bod hwn yn byw yn y creigiau drwy'r dydd bob dydd, ac yn gwenu llawer mwy. Doedd y daith ddim yn bell o gwbl, ond roedd 'na ddarnau reit anodd i rywun oedd ddim wedi arfer dringo neu'n gwisgo sgidiau anaddas. Doedd Annick yn amlwg ddim yn gyffordus ac mi jibiodd hi hanner ffordd i orffwys dan goeden. Ond dwi wedi hen arfer, debyg iawn, ac ro'n i'n mwynhau fy hun – nes i Dicko a'r Pry Clust ddechrau fy nhrin fel merch 'girly', bathetig ac estyn llaw i'm helpu ac ati. Ro'n i'n gweld y peth yn reit ddigri i ddechrau, ond mi gollais i fynedd yn y diwedd, yn enwedig gan mai nhw oedd angen help, nid y fi.

'Ylwch, rhowch gora iddi!' chwyrnais, 'dwi'n gyn-hyfforddwraig dringo!' Ro'n i'n teimlo'n gas wedyn; dim ond trio bod yn fonheddig oedden nhw. Ond mae pethau fel'na'n fy ngwylltio i! Tynnu cadair allan i mi wrth fwrdd bwyd, iawn; agor drws i mi, hyfryd; ond cymryd yn ganiataol mod i angen help i ddringo jest am mai merch ydw i – NA.

Roedd yr Hogon bach main ac annwyl yn ei gwrcwd yn un o'r hen dai, a chyda help y cyfieithydd mi gawson ni sgwrs reit ddifyr. Mi ofynnodd sut wlad ro'n i'n byw ynddi. Un eitha gwlyb, a bod yn onest, meddwn, ond dydi'r bobl ddim mor glên ag ydyn nhw'n fan'ma, a 'dan ni wedi mynd braidd yn hunanol dros y blynyddoedd. Nes i ychwanegu ein bod ni wedi colli lot o'r pethau pwysig mewn bywyd y maen nhw wedi llwyddo i'w cadw. Mi wenodd pan ddwedais i hynna, a chytuno efo fi. Mi ddymunodd yn dda i ni ar y daith, mi rois i bres yn eu

botyn bach pridd o, ac mi ychwanegodd y cyfieithydd
gnau cola, a dyna ni; roedd y cyfweliad ar ben.

Crwydro'r hen adeiladau fuon ni wedyn, sy'n edrych
yn reit flêr, ond fiw i chi gyffwrdd na symud dim, gan fod
'na batrwm a rheswm dros gadw pob dim yn union lle
mae o. Roedd 'na rip o esgyrn yn sownd wrth y wal ger
cartre'r Hogon: genau defaid a geifr, cofnod o anifeiliaid
oedd wedi eu hoffrymu ar gyfer dod â glaw, neu helpu
cwpwl i gael plant. Pan welais i fod 'na gwdyn bach lledr
yn crogi ar ddarn o bren, eglurodd y cyfieithydd nad
oedd yr Hogon i fod i gadw ei eiddo ar lawr; ac yn fwy
na hynny, doedd ganddo ddim hawl molchi efo dŵr
chwaith oherwydd fod 'nadroedd yn ei lanhau efo'u
tafodau'. Dyn hudol go iawn . . . Felly ges i dipyn o fraw
wrth adael: mi wnes i droi i godi llaw ar yr Hogon, ac mi
ofynnodd a oedd gen i unrhyw beth i gael gwared o'i
annwyd o!

Wrth nesáu at y pentre, roedden ni'n gallu clywed sŵn
drymiau a chwerthin: roedd y dynion lleol yn mynd i
berfformio dawns draddodiadol i ni, dawns masgiau,
felly draw â ni i'w gwylio wrthi. Roedd y gwisgoedd yn
drawiadol iawn – yn sgertiau a gwalltiau hirion amryliw,
ac erbyn deall, dawns i glodfori merched oedd hi. Mi
fuon nhw wrthi am oes yn y gwres a'r llwch, nes bod y
boi ar stilts bron â nogio, y creadur. Ond deg allan o ddeg
am y perfformiad: mae'r Dogon yn ddawnswyr arbennig
ac mi fydden nhw'n wych yn rhywle fel Steddfod
Llangollen – tasen nhw'n gallu fforddio dod draw.

Yn ôl â ni i Mopti wedyn, ac wedi noson hyfryd o gwsg
tan wyth y bore, a brecwast bendigedig o fananas a *paw
paw* a melon, mi fuon ni'n ffilmio o amgylch y dre, yn
cynnwys ymweliad â seibr-caffi digon llychlyd, lle ces i
weld fy negeseuon ebost am y tro cynta ers oes. Ond
roedd y gyrwyr mewn byd isio gadael Mopti yn o handi
am fod ganddon ni daith hir i Segou, a dydi hi ddim yn

syniad da gyrru ar hyd ffyrdd Mali yn y tywyllwch. Mae 'na dyllau go fawr yn y ffordd weithiau, a pobl ar gefn beics a chertiau'n cael eu tynnu gan wartheg neu geffylau – heb olau. Ond erbyn i'r Pry Clust lwytho'r holl dunelli o bethau roedd o wedi'u prynu i mewn i'r jîp, roedd hi'n hwyr, ac roedd hi'n dywyll erbyn i ni gyrraedd Segou.

Gawson ni chydig o amser i siopa y bore wedyn, gan fod 'na lwyth o stondinau bychain gwirioneddol dda gyferbyn â'r gwesty. Mi brynais i *batiks* a mwclis a chlustdlysau a gwahanol bethau wedi'u cerfio o bren, y cwbl o safon a'r cyfan yn hynod resymol. Yna ymlaen i Bamako, ffarwelio am byth efo'r blydi Pry Clust, swper o oen rhost anferthol yn nhŷ anferthol gŵr busnes sy'n un o ffrindiau Annick – ac yn nai i Ali Farka Touré – mynd drwy'r 'douanes' yn anhygoel o sydyn a hawdd a dal yr awyren am adre.

Dwi wedi blino, dwi'n edrych ymlaen yn arw at fynd adre, ond ew, dwi wedi mwynhau fy hun. Mi fyswn i'n mynd yn ôl i Mali fory nesa.

yr antarctig
pegwn y de

An Antarctic Expedition is the worst way to have
the best time of your life.

Apsley Cherry-Garrard.

30 Tachwedd 2004

Dwi wrthi'n pacio ar gyfer y Pegwn. Dillad isa thermal
(2 set – un trwch arferol ac un hynod drwchus), sanau
trwchus, het fawr gynnes, trowsusau *fleece*, 5 pâr o fenig
(3 thermal) ac ati ac ati – a photel pi-pi. Wir yr. Mae o'n
deud ar y rhestr offer: 'One wide mouthed urine bottle –
non-leaking.' Achos dach chi'm yn cael pi-pi ar y Pegwn.
Mae'r lle i fod yn bur a glân a di-lygredd, felly mae pawb
yn gorfod pi-pi mewn potel (fydd hi'm yn hawdd efo'r
holl haenau o ddillad a minnau mewn pabell efo rhywun
diarth), a'i wagu i mewn i ryw gasgen fawr bob bore. Mi
fydd hi fel cyfarfod boreol yr Elsans ar faes carafannau'r
Steddfod. Fydd 'na'm toilet ar yr awyren chwaith, a'r
botel fydd hi yn fan'no hefyd. Dach chi'm yn fy nghredu i,
nacdach? Do'n inna ddim chwaith. Ond wir yr, cris croes
tân poeth, dyna fydd fy hanes dros yr wythnosau nesa
'ma. Ro'n i bron â sgwennu 'dros y pythefnos nesa 'ma'
ond does wybod. Mae bob dim yn ddibynnol ar y tywydd
i lawr yn y gwaelodion 'na, ac er mod i i fod i ddod adre
cyn Dolig, does 'na'm sicrwydd o hynny. Dwi'n edrych
ymlaen yn arw at fynd yno, ond os bydda i'n gorfod
treulio fy Nadolig yn pi-pi mewn potel ac yn tynnu
cracyrs dros ddarn o fflapjac sych, bosib na fydda i'n rhy
hapus fy myd. Does 'na'm pwynt mynd â'r laptop chwaith
– mae'r oerfel yn mynd drwy fatris mewn dim.

Rhag ofn y bydda i'n twidlo fy mysedd (oer) yno am wythnosau, dwi wedi pacio llwyth o lyfrau hefyd. Dwi eisoes wedi darllen un llyfr am yr Antarctig, sef *Terra Incognita* gan Sarah Wheeler, sy'n fendigedig, yn codi awydd ond yn fy ngwneud fymryn yn nerfus yr un pryd. Mae 'na bethau od yn digwydd i bobl yn y Pegwn. Mae 'na rai'n cael tröedigaeth o ryw fath, eraill yn 'darganfod eu hunain', a rhai'n mynd yn hurt bost. O, ac mae 'na rai'n marw, wrth gwrs. Dwi'n cymryd hyn oll efo pinsiad go dda o halen. Tröedigaeth? Fi? Dwi'n amau rhywsut. Darganfod fy hun? Dwi'n meddwl mod i eisoes wedi gwneud hynny, yn Rhydymain. Ond mi alla i ngweld i'n mynd yn honco. Mae'r amynedd yn pylu wrth heneiddio, a dwi'n garantîd o gael fy landio efo ryw bry clust. Ond pobl sydd wedi treulio'r gaeaf yn yr Antarctig sy'n tueddu i fynd yn hurt. Mae'r tywyllwch 24 awr yn gallu bod yn ormod i rai, ond dim ond am bythefnos fydda i yno – gobeithio.

4 Rhagfyr

Mae'n nos Sadwrn, a dim ond heddiw y cyrhaeddodd Richard a finna Punta Arenas yng ngwaelod Chile. Dwi'n teithio ers 11 fore Mercher, ac roedd popeth yn mynd yn iawn – tan Heathrow. Ystyriwch yn ofalus cyn mentro i unrhyw le efo cwmni Iberia. Roedd yr awyren yn hwyr yn gadael Heathrow, ac er i ni gyrraedd Madrid mewn pryd ar gyfer hedfan ymlaen i Santiago'r noson honno, roedden nhw'n gwrthod gadael i ni (a 60 o bobl eraill) fynd ar yr awyren. Ond doedd 'na neb i ddeud wrthan ni be i'w neud nesa. Wedi hir grwydro a chael dim synnwyr o gwbl (roedd hi'n ganol nos a fawr neb o gwmpas, a'r un ddynes Iberia'n ein hanwybyddu) dyma ddod yn ffrindiau efo ambell un o'r defaid colledig eraill: Tony

Booth, darlithydd prifysgol ar addysg a materion y
trydydd byd – a Mr Angry go iawn, yn waldio cownteri a
chael dim mwy o synnwyr na neb arall ond roedd o'n
teimlo'n well wedyn; Sally McNally (am enw hyfryd),
lleian tua 65 oed o Ddulyn sy'n byw yn Santiago ers 30
mlynedd, a chwpwl o Ffrainc oedd wedi gwylltio mwy na
neb am eu bod nhw wedi cyrraedd y maes awyr dros
ddwyawr ymlaen llaw ac wedi cael eu gyrru o un lle i'r
llall cyn cyrraedd y giât yr un pryd â ni a chael eu
rhwystro rhag mynd ar yr awyren! Mae'n debyg y
gwyddai'r cwmni fod ganddyn nhw ormod o gwsmeriaid
a dim digon o seddi, ac yn lle deud hynny, wedi dal pawb
yn ôl yn fwriadol (ond dim ond wedyn y sylweddolon ni
hynny). Erbyn tua 3 y bore, roedden ni ar fws ar y ffordd
i westy. Ond roedd y gwesty 'ma 90 km y tu allan i
Madrid. O leia roedd 'na frwsh dannedd a phâst yno.

Ar ôl diwrnod diflas yn cicio'n sodlau yn y gwesty
ynghanol nunlle, yn ôl â ni i'r maes awyr i aros am yr
awyren 11.45 p.m. (eto). Drwy gicio a strancio, mi
gafodd Tony sedd Dosbarth Cyntaf. Galw'i hun yn
sosialydd, aie?! Doedd gan y gweddill ohonon ni mo'r
awydd i strancio, ond roedden ni'n difaru wedyn. Am
12.15, roedden nhw'n dal heb adael inni fynd ar yr
awyren. Roedd y dorf o tua 200 yn dechra gwylltio a
deud y lleia. Hanner awr yn ddiweddarach daeth y
cyhoeddiad: problemau technegol. Ni fyddai'r awyren yn
gadael am Santiago. A na, doedden nhw ddim yn mynd i
gael awyren arall yn ei lle hi chwaith. A fydden ni ddim
yn cael ein bagiau'n ôl – am yr ail noson. Aeth pawb yn
wallgo. Ro'n i wir yn dechrau meddwl y byddai hi'n troi'n
ffeit. Mi ffoniodd rhywun bapur newydd *El Pais*; 'diolch
am ffonio,' meddai'r newyddiadurwr, 'ond dydi hyn ddim
yn beth newydd, mae'n digwydd efo Iberia o hyd.' Bws
arall, gwesty arall. Gwely am 3.00 a chodi am 7.30 i fynd
yn ôl i'r maes awyr eto fyth (dwi byth isio gweld maes

awyr Madrid eto) ac o'r diwedd, rhywbryd ar ôl un y pnawn, mi gawson ni fynd ar awyren a hedfan am Santiago. Ro'n i wedi prynu crys T newydd erbyn hyn am mod i'n dechrau teimlo'n hynod fudr. Roedd Richard wedi gwneud yr un peth, ond wedi prynu pâr o sanau hefyd. Mi newidiodd o'i hen sanau wrth y bwrdd yn y caffi a bu bron i mi lewygu. Nid fod ganddo broblem efo'i draed, ond roedd o wedi bod yn cerdded o gwmpas y lle mewn pâr mawr o sgidiau cerdded mynydd ers dyddiau.

Ro'n i wedi disgwyl y bydden nhw'n hynod glên efo ni am ein dal yn ôl am ddeuddydd (roedden ni eisoes wedi colli ein awyren i Punta Arenas ac mewn perygl o golli'r trip i'r Pegwn yn llwyr), ond na. Fues i 'rioed yn llwglyd ar awyren o'r blaen. Fel arfer, maen nhw'n eich stwffio chi efo sgrwtsh o hyd, tydyn? Iawn, mi gawson ni bryd reit ar y dechrau ac un arall jest cyn cyrraedd, ond mae hi'n daith 12 awr ac ro'n i'n despret am ddŵr; doedd 'na'm golwg o *flight attendant* yn unlle, ac roedden nhw'n cyhoeddi dragwyddol na ddylen ni godi ar ein traed. Ond doedd y tyrbiwlens yn ddim mwy na rhech babi mewn bath. Hm . . . Deall wedyn bod 'na fwyd a diod ar gael yn y cefn dim ond i chi ei nôl o, ond roedden ni reit yn y blaen a ddywedodd neb yr un gair bod 'na affliw o ddim ar gael a doedden ni'm yn cael gadael ein seddi beth bynnag! Mi fuon ni'n trio cysgu ond doedd 'na jest ddim lle i goesau ac roedden ni reit uwchben yr injan neu'r propelars neu rywbeth achos roedd y sŵn yn blincin poen. Daeth Tony i'n gweld ni ar un pwynt. Oedd, roedd o wedi cysgu fel babi. Addewid: dwi'n mynd i gicio a strancio tro nesa.

Cyrraedd Santiago, gofalu ein bod ni'n gyntaf ar y rhestr aros ar gyfer awyren i Punta Arenas drannoeth (roedd 'na 4 awyren a phob un yn llawn), bws i westy – aros awr a hanner am ein goriadau (na, does gen i'm clem pam), gwely am 2.00 y bore (amser nhw – tua 7.00

y bore amser ni dwi'n meddwl, ro'n i'n rhy flinedig i neud
syms) a chodi am 5.00 er mwyn bod yn y maes awyr eto
– rhag ofn bod 'na le. O leia ro'n i wedi cael gweld fy mag
eto. Mae'r pleser o allu gwisgo dillad glân yn un
amheuthun.

Ond haleliwia – mae 'na dduw – roedd 'na le i ni ar
awyren 7.30 y bore – efo cwmni Lan Chile. A diawch,
dyna i chi glên oedden nhw – a hael eu bwyd a'u diod –
a'u gwên. Cyrraedd Punta Arenas, mynd yn syth i
swyddfa Adventure Network International (y cwmni sy'n
mynd â ni i'r Pegwn), rhag ofn y byddai'n rhaid i ni
hedfan yn syth bìn. Pwyso ein bagiau, gwirio ein hoffer a
chael fy ffitio am sgidiau mawr welintynsaidd cynnes
cynnes, côt fawr dew y gallwn i gynnal twmpath dawns i
ryw hanner dwsin o bobl ynddi, trowsus tebyg a'r sach
gysgu fawr dew fydd yn fy nghadw'n gynnes ar y rhew.
Dechrau cynhyrfu! Rydan ni bron yna ac mae'r profiad
bythgofiadwy ar fin digwydd. Ond ro'n i'n falch iawn o
glywed na fydden ni'n hedfan yno'n syth wedi'r cwbl –
tywydd yn giami yno bechod, felly rydan ni ar 'standby'
ar gyfer hedfan am 6 bore fory. A dwi wedi cael cawod a
golchi ngwallt, gan na fydd modd gwneud hynny allan ar
y rhew. A chael bwyd go iawn yn lle stwff plastig awyren
o'r diwedd.

Dim ond croesi bysedd rŵan y bydd natur a'r tywydd
yn fwy dibynadwy na chwmni Iberia.

12 Rhagfyr

Be ddeudais i am obeithio y byddai natur a'r tywydd yn
fwy dibynadwy na chwmni Iberia? Hm. Bob bore ym
Mhunta Arenas, ro'n i'n deffro cyn chwech yn erfyn ar y
ffôn i ganu. Ond doedd o ddim. Chwech oedd yr alwad
gyntaf tase'r tywydd yn ffafriol, ac wedyn mi fyddai

ganddon ni 45 munud i gael ein pethau at ei gilydd, ein cyrff i mewn i'n dillad isa thermal a'n trowsusau *fleece* ac ati. Bob nos, roedd bob dim wedi ei osod allan yn daclus gen i, a bob bore roedd y cwbl yn ofer. Brecwast tua wyth, a disgwyl galwad arall am 9.30. A'r un fyddai'r hanes bob tro: gormod o wynt/eira/cymylau i fentro at y rhew. Yr un peth eto am 4.00 y pnawn, ac eto am 6.30 y nos. Ro'n i'n dechrau teimlo mod i'n ail-fyw bob diwrnod yn union yr un fath, fel yn y ffilm 'na, *Groundhog Day*. Taswn i wedi gallu sgwennu rhyfaint o'r nofelau dwi i fod i'w cwblhau, iawn, ond roedd fy stafell i'n fach ac yn dywyll ac yn rhoi'r bendro i mi. Ro'n i wedi darllen bod pobol yn gallu mynd yn hurt yn y Pegwn, ond ddywedodd neb y gallai'r un peth ddigwydd ym Mhunta Arenas. Mi wnes i ddeffro'n chwys diferol am 2.30 un bore, wedi breuddwydio mod i wedi cael yr alwad ffôn 6.00 i fod yn barod mewn 45 munud. Ro'n i wedi codi a dechrau pacio cyn i mi sylweddoli faint o'r gloch oedd hi go iawn.

Does 'na'm llawer i'w wneud ym Mhunta Arenas, ar wahân i fwyta. Ac mi fuon ni'n bwyta, bois bach – bob dim o ŵydd wyllt a spam i slywen conger, ac mi fedra i argymell yr olaf yn arw. Roedd Rich a finna wedi ffilmio bob dim oedd yn bosib ei ffilmio, yn cynnwys pengwins digon di-nod a sgwrs am y tywydd efo'r boi radio yn y swyddfa. Niel Malan (ia, fel'na mae sillafu ei enw o) o Dde'r Affrig oedd hwnnw, a ges i goblyn o fraw pan ddywedodd o rywbeth yn Gymraeg wrtha i. Erbyn deall, roedd o wedi bod yn fyfyriwr ym Mhrifysgol Aberystwyth ac wedi dilyn cwrs Wlpan efo Medi James o Dal-y-bont – a dwi'n ei nabod hi! Roedd o'n dal i siarad Cymraeg yn eitha da, ac mi wnaethon ni ffilmio sgwrs efo fo ond chafodd hi mo'i chynnwys yn y rhaglen yn y diwedd – allwch chi'm cynnwys bob dim, wrth reswm.

Mae'r bobl yma i gyd yn glên iawn – rhy glên weithiau.

Dyna i chi'r forwyn yn y gwesty: ro'n i wedi gosod fy stwff i gyd ar y gwely yn barod i allu gwisgo be ro'n i ei angen ar amrantiad pan gawn i'r alwad. Myn uffarn i, pan ddois i'n ôl ar ôl bod am dro bach, roedd hi wedi pacio'r cwbl yn daclus yn y wardrob! Ac amser brecwast, mae'r coffi i gyd mewn pecynnau bach, ond dwi'n licio fy nghoffi'n wan, felly rois i fy hanner llwyaid arferol yn fy nghwpan, a thra o'n i'n aros i'r boi efo'r dŵr poeth ddod heibio, es i i nôl powlenaid o salad ffrwythau. Pan ddois i'n ôl, roedd y dŵr yn y cwpan – a gweddill y paced coffi hefyd.

Mi wnes i ddarllen tri llyfr, treulio oriau mewn seibr-caffi, a hyd yn oed ffonio fy chwaer am sgwrs, ond doedd hi ddim mewn hwyliau rhy dda am ei bod hi wedi ffraeo efo pawb: roedd Daniel (6) wedi gwrthod mynd at y deintydd, a Ceri (14) wedi gadael beiro goch ar y soffa wen newydd sbon. Ro'n i'n teimlo'n well wedyn.

Ond o'r diwedd, wedi chwe niwrnod o din-droi, daeth yr alwad. Ac mae'n falch gen i ddeud i'r cwbl fod yn werth pob eiliad o din-droi. Roedd y daith ei hun yn brofiad a hanner, pedair awr a hanner mewn awyren fawr Ilushin, sef y math o awyren lle mae'r cargo i gyd yn y canol, a ninnau'n eistedd ar hyd yr ochrau yn sbio ar ein gilydd dros y bagiau/sgis/slediau ayyb. Roedden ni'n methu sbio drwy'r ffenestri, achos doedd 'na ddim. Pan basiwyd bag mawr o bethau bach lliwgar ar hyd y rhes, ro'n i'n meddwl mai fferins oedden nhw, ond naci, plygiau i'r clustiau, cofiwch. A iechyd, roedd eu hangen nhw hefyd. Sŵn? Dychmygwch hedfan yn eistedd ar ddril niwmatig. Ond mi ges i hwyl garw wrth gyfathrebu drwy fosiwns a chwerthin efo'r boi mawr barfog o Wlad Pwyl wrth fy ochr. Mae'n debyg ei fod o'n un o griw sy'n mynd i ffilmio taith sgio i'r Pegwn. Sgiwyr oedd y criw Saesneg *glamorous* ar ochr draw'r awyren hefyd, pob un mewn siwt goch grand, a dwy ddynes melynwallt yn golur i gyd yn eu mysg. Erbyn deall, maen nhw i gyd yn drewi o bres, ond roedd hynny'n ddigon amlwg dim ond o'u golwg nhw.

Bedair awr a hanner yn ddiweddarach, dyma lanio ar stribyn hir o rew glas gerllaw gwersyll Patriot Hills. Roedd o'n gorfod bod yn hir gan nad oes pwynt defnyddio brêcs ar rew. Dyna'r glaniad mwya diddorol eto: y sŵn yn dyblu, popeth yn ysgwyd, a'r llithro'n mynd ymlaen ac ymlaen am byth, nes mod i'n dechrau amau y bydden ni'n disgyn dros ochr draw yr Antarctig.

I lawr yr ysgol, a sefyll ar rew yr Antarctig am y tro cyntaf. Roedden nhw wedi troi gwres yr awyren i lawr rhyw awr ynghynt, felly roedden ni i gyd yn ein dillad mawr cynnes ers sbel, ond roedd y gwynt cryf yn dal i chwipio'r wyneb a do'n i'n gweld fawr ddim er gwaetha'r ffaith ei bod hi'n olau dydd – mae hi'n olau dydd drwy'r dydd bob dydd yma yr adeg yma o'r flwyddyn. Cerdded am ryw filltir a hanner at wersyll Patriot Hills (a chwysu fel hwch yn fy nghôt fawr oedd ddwywaith hyd a lled côt unrhyw un arall) a llifo i mewn i babell ymgynnull fawr, gynnes lle roedd 'na fwyd a diod yn stêm i gyd yn disgwyl amdanon ni. Y sioc gyntaf oedd fod 'na fwyd hyfryd yno, yn salad a ffrwythau a bob dim, nid rhyw stwff sych o baced fel ro'n i wedi'i ddisgwyl. Wrth gwrs, does 'na'm angen oergell yma – mae'r cyfan yn cael ei gadw mewn anferth o ogof dan y ddaear, a chan ei bod hi mor sych, dydi pethau ddim yn pydru. Yr ail sioc oedd mod i'n gorfod rhannu pabell efo Richard – a'r 12 o fagiau. Hm. Efallai mai dyna pam nad es i i ngwely am oes, neu efallai mai'r ffaith ei bod hi'n dal fel canol dydd tu allan, ond beryg mai adrenalin y sefyllfa oedd y rheswm. Roedd y cwbl mor rhyfeddol, mor wahanol, ac yn gymaint o hwyl. Roedd y staff i gyd yn bobl y mynyddoedd, a'r cwsmeriaid bron i gyd yn filiwnyddion o lefelau amrywiol o ecsentrigrwydd. Aeth dynes annwyl iawn o'r enw Fran â ni o amgylch ein pebyll a'r tai bach, a dangos lle roedden ni i fod i wneud beth a sut, e.e. 'liquids in this container, solids over there'. Dach chi'm isio i mi ymhelaethu, nagoes?

Patriot Hills ydi'r unig wersyll preifat yn yr Antarctig, ac mae'n cael ei godi yma bob haf er 1987. I'r anoracs yn eich mysg, mae o 80°19′ i'r de ar y llinell lledred a 81°16′ i'r gorllewin ar y llinell hydred; 1,000 m uwchben lefel y môr a 1,076 km o Begwn y De. Mae'r tymheredd ganol haf tua –15 °C (+5 °F) ond mae'r gwynt yn gwneud iddi deimlo'n llawer oerach.

Mi lwyddais i gysgu'n rhyfeddol. Syniad da oedd cadw ngafael ar y plygiau clustiau – roedd y gwynt 'na'n rhuo o ddifri ar adegau; mae'n debyg mai gwyntoedd *katabatic* sy'n dod o ganol yr Antarctig ydyn nhw, sy'n gallu bod cyn gryfed â 185 milltir yr awr, ond doedd hi'm chwarter mor ddrwg â hynny neithiwr. Mae hi'n haf yma, wedi'r cwbl, ac yn y gaeaf maen nhw'n cael tywydd fel'na. Mae hi hefyd yn gallu bod mor oer â –89 °C (–129 °F) ond, unwaith eto, yn y gaeaf mae hynna. Dwi'm yn siŵr pa mor oer oedd hi neithiwr, ond ro'n i'n gynnes fel tôst yn fy nillad isa thermal a'r sach gysgu cocwnaidd, ac roedd y masg dros fy llygaid yn fendith gan ei bod hi'n olau dydd dragwyddol. Mi godais yn fore (a thrio newid yn dawel rhag ofn i mi deffro Richard, ond dydi gwisgo'r holl geriach 'na ddim yn hawdd), crwydro'r gwersyll, a rhyfeddu. Roedden ni mewn anialdir gwastad, fel rhyw gacen Nadolig anferthol, a hanner cylch o fynyddoedd o'n cwmpas. Roedd yr awyr yn llachar las a'r haul yn tywynnu, a phob dim yn disgleirio. 'Indeed the stark polar lands grip the hearts of the men who have lived on them in a manner that can hardly be understood by the people who have never got outside the pale of civilization,' meddai Syr Ernest Shackleton. Wel, mae'n cydio yng nghalonnau merched hefyd.

Ro'n i'n teimlo'n gartrefol o'r munud cyntaf, a wir yr, taswn i wedi gorfod aros yno dros y Dolig fyddwn i ddim wedi bod yn rhy anhapus. Yn enwedig gan i mi gael pabell i gyd i mi fy hun ar ôl tridiau (y criw o sgiwyr ariannog wedi gadael i sgio'r radd olaf am y Pegwn). Do'n i'm yn gorfod newid i'r dillad Michelin Man er mwyn mynd i'r tŷ bach ganol nos wedyn. Do, mi lwyddais i ddefnyddio'r botel. Doedd gen i fawr o awydd rhoi cynnig arni a Richard druan dim ond llathen i ffwrdd, a doedd ganddo fo fawr o awydd rhoi cynnig arni yn fy ngŵydd inna chwaith.

Be oedd mor arbennig am y lle? Dwi'm yn hollol siŵr. Y ffaith ein bod ni mor bell o bob man – yn cynnwys y Pegwn ei hun, oedd chwe awr arall i ffwrdd? Y ffaith mod i'n gorfod pi-pi mewn bwced neu botel ac yn methu molchi (ar wahân i ambell *wet wipe*) am wythnos – ond heb faeddu? Y ffaith bod 'na bobl mor hynod o ddifyr yno? Dyna i chi Marek Kaminski, y gŵr mawr, 40 oed o Wlad Pwyl sydd wedi llwyddo i groesi'r ddau begwn ar ben ei hun fwy nag unwaith, ac oedd yma y tro hwn efo hogyn 16 oed oedd wedi colli coes a braich mewn damwain, ac a oedd yn mynd i sgio 100 milltir efo fo at y pegwn i godi arian i brynu coesau a breichiau prosthetig ar gyfer plant eraill yng Ngwlad Pwyl – a'r criw ffilmio hyfryd oedd efo nhw; a Vern, mynyddwr anhygoel sydd wedi dringo copa Everest bedair gwaith yn barod, ac sy'n mynd â'r ffidil wnaeth o ei hun efo fo i bob man; Andrew Regan, a adawodd yr ysgol yn 17 oed, yna benthyg £2,000 gan y banc i ddechrau gwerthu stwff glanhau i archfarchnadoedd, sydd bellach yn filiwnydd a gynigiodd £1.6 biliwn am y Co-op chydig yn ôl – ond sy'n goblyn o foi clên, hwyliog ac annwyl, ond diog – roedd o wedi bwriadu sgio'r radd olaf efo'r lleill ond wedi penderfynu ei fod o'n waith rhy galed; Sally a Chip (John III) o Washington DC fu'n ciniawa efo Bill Clinton droeon

('. . . and honey, the sexual magnetism of that man!');
Chris, y mecanic o Dorset, oedd wedi gweld yr hysbyseb
am y swydd yn y *Farmer's Weekly* ac yn mwynhau
cerdded o gwmpas lle mewn trowsus cwta; y criw o dri o
Chile oedd yn golchi llestri a gwagu biniau ac yn gwmni
rhadlon, hyfryd, a llwyth o bobl eraill hynod ariannog
oedd wedi dod yno i sgio ym mynyddoedd Ellsworth.

Dyna i chi be oedd yn ddifyr: roedd y 'cwsmeriaid'
bron i gyd yn filiwnyddion, neu o leia'n hynod ariannog,
wedi arfer byw'n foethus, wedi arfer cael yr hyn roedden
nhw ei eisiau'n syth bìn. Ond yma, roedden ni i gyd ar yr
un lefel, i gyd dan reolaeth natur a'r gwynt, a fydden ni
ddim yn cael mentro am y Pegwn nes bod natur a'r
gwynt yn rhoi eu caniatâd. Roedd 'na rai ohonyn nhw
jest â drysu i ddechrau, heb ffôn symudol (er, roedd
ganddyn nhw rai *satellite* oedd yn gweithio weithiau),
heb sgrin deledu neu gyfrifiadur (ond roedd Chip wedi
llwyddo rhywsut i wneud i'w laptop o weithio efo
cymorth paneli solar a'i ffôn *satellite*), ond buan y dysgon
nhw ymlacio (a helpu i olchi llestri) ac mi ges i ambell
gêm gardiau hynod hwyliog, a sgyrsiau bythgofiadwy. Mi
ges i hyd yn oed sgwrs ar y radio efo Heather Rich, oedd
yn fyfyrwraig efo fi ar y cwrs ymarfer dysgu
gweithgareddau awyr agored ym Mangor! Mae hi'n
gweithio yn y gwersyll sydd wrth droed y Vinson Massif
(4,897 m), ac yn gofalu am y mynyddwyr sy'n heidio
yma i'w ddringo. Mae hi'n dipyn o ddynes, yn giamstar o
ddringwraig ac wedi bod drwy rhyw dri gŵr yn barod. A
chan nad oedd 'na fynyddwyr wedi llwyddo i gyrraedd y
gwersyll ers tro, roedd hi wedi bod yn sglefrfyrddio ar
lethrau Vinson drwy'r dydd bob dydd. A dydi'r cysylltiad
efo Bangor ddim yn gorffen yn fan'na – roedd y boi sy'n
berchen ar hanner y cwmni hefyd yn fyfyriwr ar y cwrs
hwnnw ym Mangor.

Ar wahân i sgwrsio a darllen, doedd 'na'm llawer i'w

80

Un o famau marchnad Djenné, Mali.

Mosg Djenné, yr adeilad mwd mwya'n y byd.

Jonathan Lewis

Jonathan Lewis

Pentref Dogo yng ngwlad y Dogon.

Jonathan Lewis

Gof Dogo – a'i
fab ar y fegin
o groen gafr.

Yr Hogon
ofynnodd i mi
am rywbeth at
ei annwyd.

Un o ddawnswyr
Dogon pentref Ende.

Richard Rees

Punta Arenas, Chile.

Gwersyll Patriot Hills – a'r tŷ bach yn y canol.

Y milwnyddion (mewn coch) a ni (mewn du) ar y ffordd i'r Pegwn.

Richard Rees

Ar waelod y byd go iawn.

Richard Rees

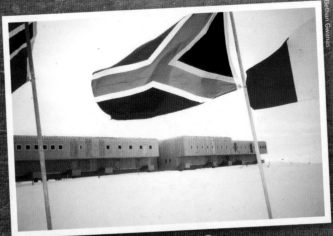

Bethan Gwanas

Yr adeilad McDonaldsaidd ym Mhegwn y De.

wneud yn Patriot Hills. Ond roedd 'na offer sgio traws gwlad, felly un bore aeth Sally, Fran a finna am dro bach hamddenol efo'r 'Factor 60' hanfodol ar ein hwynebau. Roedd o'n hyfryd. Mae'r gwynt yn cerfio'r siapiau rhyfedda yn y rhew, ac roedd Sally isio tynnu llun o bob silff a thon a sbeiral. Ar ôl cinio, cyhoeddodd rhai o'r dynion eu bod hwythau am fynd am dro ar y sgis – i weld cynffon rhyw awyren oedd wedi crashio yn y rhew flynyddoedd yn ôl. Wel, gan mod i wedi llwyddo i fynd yn reit dda'n y bore, nes i ofyn gawn i ymuno efo nhw. Dim problem. Ond mynd yn hamddenol wnaeth y genod, yndê. Dydi dynion ddim yn gwybod be ydi ystyr y gair, ac wrth gwrs, does 'na'r un dyn yn mynd i ofyn am hoe os oes 'na ferch yn y grŵp. A do'n i'm yn licio gofyn. Ond ar ôl rhyw ugain munud o fynd fel fflamia, doedd gen i'm dewis. Ro'n i'n poeni mod i'n mynd i ddiflannu mewn ffrwydrad o *spontaneous combustion*. Roedd fy nghôt fawr drwchus wedi bod yn iawn wrth fynd yn ara efo'r genod, ond ro'n i'n chwysu chwartiau, naci, galwyni yn trio dal i fyny efo'r rhain. Ond wedi clymu'r gôt am fy nghanol, roedd y gwynt oer yn troi'r chwys ar fy nghefn yn rhew solat. Hm. Ro'n i wedi darllen am hynna. Ddim yn syniad da. 'Dach chi'm i fod i chwysu yn yr Antarctig – mi fedar eich lladd chi, hypothermia ac ati. Wrth lwc, roedd y meddyg yn ein mysg wedi pacio côt ysgafn sbâr, ac ro'n i'n iawn wrth wisgo honno. Wel, o fath. Ro'n i wedi blino gymaint erbyn hyn nes mod i isio marw. Diolch byth bod Paul, un o griw'r miliwnyddion – oedd ddim yn filiwnydd bellach ers y *crash* yn yr 80au – yr un mor ddibrofiad â fi. Er ei fod o'n ffit iawn ac yn rhedeg marathons, doedd o ddim yn gallu sgio'n rhy dda ac roedd ei sgis o'n gwrthod mynd y ffordd iawn ar y siapiau od yn y rhew. Ond mae o wedi arfer gwthio'i hun drwy'r *pain barrier*. Tydw i ddim, ac mi fedra i ddeud â'm llaw ar fy nghalon i mi wthio fy hun yn gorfforol fwy nag y gwthiais fy hun yn gorfforol erioed o'r blaen. Ro'n i isio crio, ro'n i isio jest disgyn a gorwedd yn llonydd am byth. Ond gydag anogaeth Paul, mi wnes i gadw i fynd, ac wedi i'r ddau arall adael i ni fynd gynta (wastad yn help seicolegol i beidio â gorfod dilyn – o bell) mi gyrhaeddon ni'r blydi awyren. Diolch byth, roedd Fran wedi tynnu'r criw diog yno efo *skidoo*, ac mi gawson ni lifft yn ôl. Ges i sioc fod y daith yn ôl mor bell. 'Pa mor bell ydi Patriot Hills o'r awyren?' gofynnais. 'Rhyw 10 km,' medden nhw. Wel, dim rhyfedd mod i jest â nogio.

Pan ostegodd y gwynt ymhen rhai dyddiau, draw â ni mewn awyren fechan *twin otter* ar y daith 6 awr i'r Pegwn. Wrth lwc, bu'n rhaid stopio hanner ffordd wrth fynyddoedd Thiel i roi mwy o danwydd yn y tanc, felly ni fu'n rhaid i neb ddefnyddio'i botel pi-pi ar y ffordd. Mi fyddai hynny wedi gallu bod yn brofiad reit annifyr mewn awyren mor fechan, di-dŷ bach, di-gyrten, dim byd. A sut oedden nhw'n llwyddo i roi mwy o danwydd yn y tanc? Am fod 'na fareli mawr wedi eu claddu yn y rhew.

Mi wnes i fwynhau'r daith yn arw; roedd yr awyren yn hedfan mor isel, nes ein bod ni'n gallu gweld bob dim. Ro'n i wedi dod â photel fechan o Baileys efo fi – hyfryd efo rhew pur yr Antarctig – a braf oedd gallu rhannu rhywbeth fel'na efo miliwnyddion hynod ddiolchgar oedd ddim wedi meddwl dod â dim byd efo nhw. Ond mae arna i ofn na wnaeth y pegwn ei hun fawr o argraff arna i. Mae 'na bolyn reit ar y pegwn lle mae modd i chi gerdded rownd y byd mewn 8 eiliad, a pholyn arall wrth ei ymyl ar gyfer seremonïau ac ati, ond mae'r gweddill yn llanast, fel rhyw fath o safle adeiladu. Mae hen ganolfan Amundsen-Scott yn dal yna, ond ar fin cael ei dymchwel, gan fod yr Americanwyr ar ganol adeiladau clamp o adeilad mawr McDonaldsaidd ar stilts reit wrth ymyl y polion. Mae 'na 250 yn byw yno eisoes – yn mwynhau cawodydd poeth, gym, sgriniau fideo mawr, bwyd hyfryd ayyb – ac mae 'na siop swfenîrs sy'n derbyn doleri yn unig. Do, mi brynais y cap, y crys T a'r cerdyn post, ond eto i gyd, mi ges fy siomi. Wedi prydferthwch Patriot Hills a mynyddoedd Thiel, roedd glanio yn y ffasiwn le yn sioc a deud y lleia. Oedd, roedd gwybod mod i reit ar waelod y byd, lle mae'r 360 o linellau hydred yn cyfarfod, lle mae'r rhew oddi tanoch chi'n 3,000 m (10,000 troedfedd) o drwch, yn dipyn o wefr, ond ro'n i wedi disgwyl mwy am ryw reswm, neu rywbeth gwahanol o leia. Ond doedd pawb ddim yn teimlo'r un fath. Mi gafodd Richard fwynhad mawr, gwefr go iawn, o fod yno – jest wrth deimlo ei fod o'n sefyll ar yr union fan lle bu Scott ac Amundsen a'u tebyg yn brwydro mor galed i'w gyrraedd. A deud y gwir, aeth o'n reit emosiynol. Ydi o'n golygu mwy i fechgyn gafodd eu magu ar straeon am arwyr a gwrhydri, tybed? Ond mi glywais i'r un straeon yn union, a theimlais i ddim byd, dim ond gofyn i mi fy hun tybed be fyddai'r ddau'n ei feddwl o'r llanast sydd yno bellach. Ond doedd Scott ddim yn meddwl llawer o'r lle chwaith, erbyn meddwl: 'Great God, this is an awful place' ddywedodd o, yndê?

Mae'n gywilydd gen i gyfadde, ond y wefr fwya ges i yn y pegwn oedd gallu defnyddio lle chwech go iawn – oedd yn fflyshio – a gallu golchi nwylo a fy wyneb efo sebon a dŵr poeth.

Er hynny, dwi'n falch iawn o allu deud 'dwi wedi bod ene' a byddaf, mi fyddaf yn gwisgo fy nghap 'South Pole Station' â balchder. Ond y profiad o drio cyrraedd yno ac o fod yn Patriot Hills oedd y wefr i mi, y gwersylla a dringo allan o mhabell i weld yr holl wynder, a theimlo'r gwynt oer ar fy nghroen, y sgwrsio a'r chwerthin (roedd Sally wedi mynnu dod â'i lipstig efo hi ac ar ôl dyddiau o fethu ei ddefnyddio am ei fod o wedi rhewi'n golsyn, mi lwyddodd i'w feirioli ar gyfer cael tynnu ei llun wrth y

Pegwn. Sut? Wel, drwy ei stwffio i lawr ei bra, yndê . . .)
– a'r cyfle i ddod i nabod pobol wironeddol arbennig.
Ond dyna fo, doedden nhw 'rioed wedi cyfarfod hogan
ffarm o Sir Feirionnydd o'r blaen chwaith.

Dwn i ddim faint ohonoch chi sydd â digon yn y banc i
fynd i rywle mor wahanol am 'wyliau', na faint ohonoch
chi sydd ar dân i fynd yno oherwydd yr hyn mae Pegwn y
De yn ei olygu, ond wir rŵan, os cewch chi hanner cyfle,
ewch yno. O'r holl deithiau y bûm i arnyn nhw hyd yma,
dyma'r un mwya difyr o bell ffordd – er gwaetha'r siom
deimlais i yn y Pegwn ei hun, ac er gwaetha'r holl gwyno
am fod yn styc ym Madrid a Phunta Arenas. Iawn, fydd o
ddim yn siwtio pawb. Ond mi synnech chi.

Efallai y dylwn i eich rhybuddio am y *post-Pole
syndrome*. Tydi o ddim yn effeithio ar bawb (roedd
Richard yn gall iawn) ond mae'n taro rhai fel gordd.
Mae'n anodd egluro'r peth yn union, ond wedi
dychwelyd o'r ffasiwn antur, rydach chi wedi cynhyrfu
braidd, a phan mae pawb yn cyfarfod mewn tafarn ym
Mhunta Arenas ychydig oriau wedi dychwelyd i'r tir
mawr, mae'r *piscos* (stwff peryg) yn llifo, ac er eich bod
yn addo y byddwch chi'n barod i ddal tacsi i'r maes awyr
am chwech y bore, dydi hynny ddim yn digwydd,
rhywsut. Do, fe gollon ni'r tacsi. Fy mai i yn llwyr. Roedd
Richard yn barod, ond do'n i ddim. Ac o'r herwydd, fe
gollon ni'r awyren yn ôl i Santiago hefyd – a'r un i
Madrid. Dyma fy nghyfle i ymddiheuro yn gyhoeddus i
Richard a'i wraig a'i ferch am wneud iddyn nhw aros
diwrnod arall cyn gweld ei gilydd eto. *Mea culpa*. Wnaiff
o'm digwydd eto. Doedd teithio adre efo hymdingar o
benmaenmawr ddim yn hwyl chwaith. Ond dwi'n dal i
wenu!

y môr ross

19 Ionawr 2005

(Ar long Rwsiaidd y *Kapitan Khlebnikov* rhywle ym Môr y De, toc ar ôl yr Atlantic Convergence – lle mae'r ddau fôr yn cyfarfod.)

Dwi'n siglo o ochr i ochr wrth sgwennu hwn. Mae'r dillad sy'n hongian ar begiau ar wal fy nghabin yn siglo'n ôl a mlaen fel pendil cloc, ac oni bai am y lliain rwber tyllog ar y ddesg mi fyddai fy llyfrau, fy meiros, fy afal a'r laptop 'ma'n hedfan dros yr ochr; a taswn i ddim yn cofio cadw caead y lle chwech ar gau, mi fyddai hanner fy mêc-yp i wedi boddi. Mae'r *porthole* ar agor a dwi'n clywed sŵn y môr yn glir er mod i ar yr wythfed llawr. Drwy edrych i gyfeiriad y *porthole*, dwi'n gweld dim byd ond môr nefi blŵ ac ambell petrel (deryn sy'n hedfan fodfeddi o wyneb y dŵr), ac wedyn dim byd ond awyr lwyd ac ambell albatros ('I now belong to the higher cult of mortals, for I have seen the albatross' – Robert Cushman Murphy).

Mae'n debyg nad ydi rhywun yn siglo fel hyn ar un o'r llongau cruise P&O mawr 'na – mae ganddyn nhw *stabilizers* – ond llong wedi ei gwneud ar gyfer Jac Codi Bawio ei ffordd drwy'r rhew ydi'r *Kapitan Khlebnikov*, felly er ei bod hi'n wych yn y rhew, mae hi'n goblyn am rowlio yn y tonnau allan yn y môr mawr, a does 'na'm pwynt gosod *stabilizers* arni, mi fyddai'r rhew wedi eu malu nhw'n rhacs.

Mae rhai o'r bobl ar y daith yn diodde braidd. Mi gawson ni fôr fymryn yn dymhestlog neithiwr, ac mi fethodd sawl un â gorffen eu swper. A bod yn onest, mi godon nhw'n hynod sydyn a rhedeg i lawr y cyntedd. Doedd 'na'm llawer isio brecwast bore 'ma chwaith. Mae 'na rai'n llwyddo i gadw eu stumogau dan reolaeth drwy wisgo patshys bach y tu ôl i'w clustiau, sy'n gwneud iddyn nhw edrych fel *aliens*; mae 'na rai eraill yn cymryd tabledi sy'n eu gwneud yn debyg i *zombies*. Ar hyd bob cyntedd, mae 'na fagiau chwd bob hanner lath, rhag ofn . . . Y cyngor gora gafodd un boi oedd: 'Os ti wir yn teimlo'n sâl, y peth calla ydi mynd i eistedd dan goeden.'

A sut siâp sydd arna i? Wel, hyd yma, dwi fel y boi! Mae'n rhaid bod croesi Môr Iwerydd rhwng Dulyn a Chaergybi wedi fy nghaledu dros y blynyddoedd. Roedd cysgu braidd yn anodd neithiwr, am mod i'n llithro i fyny ac i lawr o un pen o'r gwely i'r llall, wedyn yn cael fy nhaflu o ochr i ochr, wedyn yn cael fy nhroi mewn cylchoedd fel taswn i mewn peiriant golchi. Ond duwcs, roedd o'n eitha hwyl, a dwi'n meddwl i mi chwerthin fy hun i gysgu yn y diwedd.

Dydi Richard ddim wedi bod mor lwcus. Efallai bod canolbwyntio ar gael y ffocws yn iawn tra oedd o'n cadw'r treipod ar dair coes wedi bod yn ormod iddo fo. Ond mae o'n well rŵan. Dim ond ni'n dau sydd ar y trip yma unwaith eto, sy'n synnu llawer. Pan maen nhw'n clywed bod 'na 'griw ffilmio' o gwmpas y lle, maen nhw'n disgwyl gweld rhyw 10–20 o bobl o leia. Wel, fi ydi wardrob a cholur a sain (o fath) a'r adran sgriptio a chyflwyno, a Rich ydi bob dim arall, a dyna ni.

Mae 'na bobol wirioneddol ddifyr yma, o'r criw Rwsieg (rydan ni'n dysgu brawddeg Rwsieg newydd bob dydd – 'Dobre wtra' am 'Bore da' oedd hi heddiw) i'r staff rhyngwladol sy'n arbenigo ar adar/morloi/morfilod (na, dim golwg o forfil hyd yma) (ac oes, mae 'na farf gan bob un o'r dynion) i'r cwsmeriaid sy'n dod o bob man dan haul; mae mam un o fois y gegin yn dod o'r Trallwng.

Mae'r bwyd yn fendigedig – e.e. i ddechrau, 'carpaccio

of cucumber on marinated jumbo prawns scented with cilantro and lemongrass accompanied by papaya chutney and alfa-alfa' (sic). A phrif gwrs: 'beef tenderloin scented with pepper berry crystal salt accompanied by sautéed yellow onions, green asparagus spears with herb crusted oyster mushrooms and gratinated raclette potatoes scented with mild garlic'. Felly ydw, dwi'n bwyta fel hwch, ond gan mod i'n dringo'r grisiau mor aml, ac yn mynd i'r gym, dwi'n meddwl mod i'n ei losgi i ffwrdd yn o lew. Mi gawson ni lanio ar Ynys Campell ddoe ac Enderby echdoe, a chan i mi gario'r treipod am filltiroedd, dwi'n meddwl mod i'n haeddu cael sglaffio.

Llefydd difyr oedd yr ynysoedd hefyd, yn berwi efo bywyd gwyllt: ar Enderby, roedd 'na lond traeth o forloi swnllyd, prin: yr *Hooker's sea lion*. Roedd y genod a'r rhai bach yn dlws ofnadwy a'r dynion yn bethau mawr hyll, blewog, llawn creithiau efo mwng fel llew (dyna sut gawson nhw'r enw *sea lion*), ac yn neidio ar ben y genod druan i gael eu tamed bob munud, cyn cwympo i gysgu fel bonion coed swrth ar y tywod, neu gega ac ymladd efo rhyw foi arall oedd yn trio cael ei damed efo un o'i harem. Roedd yr albatrosiaid (brenhinol) gwrywaidd yn llawer mwy bonheddig. O leia maen nhw'n fflyrtio rhywfaint efo'r genod cyn mentro mynd dim pellach. A'r argol, maen nhw'n fawr pan maen nhw'n hedfan lathen uwch eich pen; hyd at 138 modfedd (351 cm) o ben un adain i'r llall.

Cerdded mlaen wedyn drwy goedwig Hansel a Gretelaidd lle bu bron i mi sathru ar un o'r pengwiniaid prinnaf yn y byd: y pengwin llygaid melyn. Roedd 'na fam a'i chyw jest yn sefyll ar y llwybr o mlaen i. Ac ydyn, mae eu llygaid nhw'n felyn, efo rhyw saeth felen pyncrocyraidd yn mynd o gornel y llygad at y corun. Del, bobol bach.

Wnes i ddim mwynhau Ynys Campell gymaint. Mae

pawb arall yn mynd ar deithiau cerdded efo'r arbenigwyr, ond gan mai yma i ffilmio mae Richard a fi, dyna rydan ni'n ei wneud. Allwn ni'm disgwyl i'r lleill ddisgwyl amdanon ni tra mae Rich yn ffilmio morloi am oriau. Ond cael siot o albatros ar ei nyth oedd ein bwriad ni tro 'ma, ac roedd rhywun wedi deud fod 'na nythod go handi ryw hanner awr o waith cerdded o'r traeth. Ha blydi ha. Hanner awr os dach chi'n rhedeg efo dim byd ond potel fach o ddŵr, efallai. Nid efo camera mawr trwm a threipod mawr hyll. Ia, fi oedd yn cario'r treipod. Ar ôl hanner awr o'i gario ar un ysgwydd, ro'n i'n cyffio, felly dyma drio ei gario ar fy mhen. Yna ar draws y ddwy ysgwydd fel bugail Affricanaidd. Roedd hynny'n haws, ond ro'n i wedi cyffio gymaint wedyn, ro'n i angen help Richard i agor fy mysedd cyn gallu gollwng y bali peth. O'r diwedd, dyma ddod o hyd i nyth albatros reit wrth ymyl y llwybr – dydan ni ddim i fod i gerdded oddi ar y llwybr 'dach chi'n gweld, ac fe gafwyd lluniau da o'r aderyn yn clecian ei big. Roedd yn rhaid dychwelyd at y traeth yn o handi wedyn, gan fod pawb arall wedi hen fynd. Ond roedd fy mhen-glin ddrwg i (anaf rygbi flynyddoedd yn ôl) fel marshmalo erbyn hyn. Mi wnes i gario'r blwmin peth am sbel, ond ro'n i'n diodde. Felly mi nath Rich gario'r ddau bron yr holl ffordd nôl, y creadur. Ond lwcus iddo fo wneud hynny, achos roedd fy mhen-glin wedi chwyddo fel melon neithiwr ac mae pawb yn deud mod i'n cerdded fel pengwin. Gobeithio y bydd y siot yna werth y drafferth ddeuda i.

Dwi'n falch iawn bod 'na weithgareddau mwy caredig i'r ben-glin yma. Dwi wedi ymuno efo'r dosbarth arlunio sy'n cael ei arwain gan arlunydd o Awstralia o'r enw Liz Jeneid. Mae'r rhan fwya ohonon ni'n ddibrofiad ond 'dan ni'n cael coblyn o hwyl yn trio paentio afal yn null Van Gogh a rhyw bethe felly.

Dwi wedi bod yn y stafell ddarlithio droeon hefyd, ac

yn anffodus, dwi'n tueddu i gwympo i gysgu yno, ond y gwres sy'n bennaf gyfrifol am hynny. Ond gan ei bod hi wedi dechrau oeri bellach, mi wnes i lwyddo i aros yn effro am 45 munud bore 'ma yn narlith Kirsten le Mar am forloi. Roedd o'n ddifyr iawn a dwi wedi dysgu pob math o bethau, e.e. mi gawson ni glywed tâp o sŵn morloi Weddell yn canu ar ei gilydd, ac roedden nhw'n swnio'n union fel tase'r *aliens* wedi glanio (nid mod i'n gyfarwydd â sŵn y rheiny'n glanio.) A *bacula* ydi enw pidlen morlo, ac mae *bacula*'r morlo eliffant yn anferthol. Ac mae morfilod yn gallu adnabod cannoedd o wahanol liwiau glas na wyddwn ni ddim oll amdanyn nhw. Mae'n gwneud synnwyr, ond do'n i 'rioed wedi meddwl am y peth o'r blaen.

Dwi hefyd newydd weld fideo am un o'r arweinyddion eraill: Ingrid Vissers, *marine biologist* a hyfforddwraig *scuba* o Seland Newydd. Hi ydi'r person cynta i geisio astudio orcas yn Seland Newydd, ac mae'n un o'r chydig o bobl sy'n hapus i nofio efo nhw heb fod mewn caets. Mae hi'n ddiawl o hogan, eitha brawychus weithiau, a 'swn i'm yn synnu fod gan yr orcas ei hofn hi. Ond dwi wedi dysgu cryn dipyn, e.e. dolffin ydi orca, nid morfil. Fel arfer, mae unrhyw beth dros 5m yn forfil, ond nid orcas. Dwi'm yn siŵr iawn pam. Yn Seland Newydd, maen nhw'n byw i fod yn 60–80 oed, ond does 'na neb yn gwybod am orcas yr Antarctig, a bob hyn a hyn mae gwahanol pods Seland Newydd i gyd yn hel i'r un lle i chwarae, fflyrtio a pharu. Yn union fel ni'r Cymry efo'n Steddfod, felly. O, ac mae 'na dri math o orca yn y rhan yma o'r byd – yr A, B ac C. Mae'r A yn ddu a gwyn fel y rhan fwya o orcas eraill, ond mae'r B yn llwyd a gwyn, ac mae gan C batshyn llygad cwbl wahanol. A 'kasatka' ydi orca yn Rwsieg. Doeddech chi'm yn gwybod hynna, nag oeddech? A does gan Ingrid ddim ofn bod yn y dŵr efo nhw achos does 'na'r un orca erioed wedi ymosod ar bobl yn y gwyllt.

Ro'n i'n cael fy mhen-blwydd ar yr ail ddiwrnod yma, ac ar ôl swper y noson honno, mi ges i gacen efo sbarclyr anferthol (rocet, waeth i chi ddeud) gan staff y gegin. Felly dyna pam maen nhw'n cadw pasborts pawb.

20 Ionawr

The first view of Antarctica is almost always an iceberg. It may be a monolith hovering on the horizon, a barely discernible spectre looming out of the mist, or perhaps a sun-spangled, dazzling icon marking the gateway to this new world. It will undoubtedly be icebergs that leave the most lasting impressions on the imagination of visitors.

Wild Ice, Mark Jones.

Er gwaetha popeth ro'n i wedi ei weld a'i glywed a'i ddarllen amdanyn nhw, doedd 'na'm byd wedi fy mharatoi i ar gyfer y cynnwrf o weld mynydd rhew am y tro cynta. Pan ddaeth y floedd ar y *tannoy* bod y cyntaf ar y gorwel, mi sgrialodd pawb allan fel pethau gwirion, ac aeth Rich a finnau i nôl yr offer ffilmio. Doedden ni prin yn gallu ei weld i ddechrau; doedd o'm byd ond ryw flobyn bach gwyn ar y gorwel am oesoedd. Ond wedyn disgynnodd y niwl a doedden ni'n gweld affliw o ddim, felly i mewn â ni i'r lolfa am baned – a myn coblyn, be basiodd reit heibio'r ffenest ar y chwith ond homar o fynydd arall – o fewn llathenni i ni. Dyma ruthro allan, a gwirioni a gwaredu a syrthio mewn cariad efo'r lliw a'r siâp a jest y ffaith ei fod o'n bod. Cyn pen dim, roedd 'na rai'n pasio bob munud. Rhai'n glogwyni mawr gwyn, rhai'n las llachar – glas y dorlan o las, slysh pypi o las, a phob glas arall sy'n bod, a'r rheiny wedi eu cerfio'n siapiau gwych, arallfydol; rhai'n bontydd a rhai'n balasau tylwyth teg, rhai'n fadarch, a rhai'n edrych yn union fel Moby Dick, yn llyfn a sgleiniog ar ôl blynyddoedd dan y dŵr. Es i drwy ffilm gyfan efo'r camera.

Mi fyddan ni'n taro'r pac-rew tua 3 bore 'ma, mae'n debyg, a dwi'n edrych ymlaen na fu ratsiwn beth.

Ges i wers arlunio pnawn 'ma, a'r dasg oedd trio tynnu llun mynyddoedd rhew; roedd fy ymgais i'n gachu llwyr.

21 Ionawr, 7.30 y bore

Am 2.30 bore 'ma, roedd 'na griw ohonan ni ar y dec yn nhrwyn y llong yn yfed diod siocled boeth, efo sloch hynod dda o rỳm, i ddathlu'r ffaith ein bod ni wrthi'n croesi llinell Cylch yr Antarctig (Capten James Cook oedd y cyntaf i groesi'r llinell, a hynny ar 17 Ionawr 1773). Ond doedd 'na affliw o ddim byd i'w weld, dim un 'bergy bit' heb sôn am fynydd rhew. Nid mod i wedi disgwyl gweld llinell wen yn y dŵr . . . ond eto! Felly yn ôl â ni i'n gwelyau, ac mi ddeffrais am saith am fod 'na olau gwahanol yn dod drwy'r ffenest – rydan ni'n mynd drwy lwyth o ddarnau crempogaidd o rew. Ieee! Ond mi ddiflannodd y cwbl ar ôl pum munud, a rŵan does 'na'm byd ond môr diflas a gwag eto. Eglurodd un o'r criw bod mynyddoedd rhew yn dod mewn criwiau, un ai oherwydd y cerrynt neu efallai am mai un mynydd mawr wedi torri i fyny oedd y patshyn yna welson ni. Rydan ni i gyd yn ysu am gyrraedd y pac-rew go iawn.

22 Ionawr

Roedden ni wrthi'n gorffen ein swper neithiwr pan ddoth y rhew, a'r sŵn glywais i gynta – sŵn crafu a chwalu o'r tu allan, a waldio o'r tu mewn. Allan â ni i weld talpiau mawr gwastad o blymen rew ('ice floe' yn Saesneg, sef darnau mawr o rew gwastad, trwchus, sy'n nofio ar wyneb y dŵr), a phengwins Adelie ar ambell ddarn yn cael haint o weld y peth mawr du 'ma'n dod atyn nhw ac yn sgrialu allan o'r ffordd, weithiau'n hercian rhedeg fel tase'u trowsusau nhw am eu fferrau, weithiau'n sglefrio ar eu boliau, ac weithiau'n drysu'n rhacs ac yn mynd y ffordd gwbl anghywir. Mi welson ni un pengwin Emperor mawr yn sbio'n wirion arnan ni, a morlo Crabeater yn symud o'r ffordd fel siani flewog fawr dew.

Roedd hi'n hwyr erbyn i ni gyrraedd Cape Adare, ond gan fod yr haul yn tywynnu, draw â ni at y lan yn y cychod *zodiac* rwber, i ganol ymhell dros hanner miliwn o bengwins Adelie – y fridfa fwya ohonyn nhw'n y byd (Cape Adar(e) yn enw gwych, felly, tydi?). Mi fues i'n chwerthin yn solat am ryw hanner awr. Roedd y cywion bron yn fwy na'u mamau, ac yn rhedeg ar eu holau nhw – neu rai roedden nhw'n meddwl oedd yn famau iddyn nhw – mewn cylchoedd, yn gweiddi isio mwy o fwyd. Mi fyddai'r oedolion yn baglu mewn panic a chynddaredd, y cywion yn baglu'n amlach, ond yn codi'n syth i ddilyn Mam fel gelan eto, a bron na allwn i glywed y mamau druan yn sgrechian: 'Gad lonydd i mi'r sglyfath bach barus, anniolchgar!' Dim rhyfedd bod 'na gymaint o bengwins yn gorffwys ar y rhew allan yn y môr. Pwy fyddai ar frys i fynd adre i gael eu mwydro fel'na? Doedden ni ddim i fod i sefyll yn agosach na 5 metr at yr adar, ond doedd y pengwins yn cymryd dim sylw o'r rheolau, ac yn martsio heibio reit o flaen ein trwynau ni, y breichiau'n ôl, y bol allan, a'r traed bach yn mynd fel y cỳth, fel miloedd o Captain Mainwarings bychain ar hyd y lle. Maen nhw'n carthu'n binc – a choch weithia – a hynny oherwydd mai dyna ydi lliw y *krill* (cimychiaid bychain) maen nhw'n eu bwyta. Maen nhw'n bwyta sgwid a physgod hefyd, a bryd hynny maen nhw'n carthu'n wyn (oeddech chi wir angen gwybod hynna?).

Roedd y drewdod yn iawn unwaith i chi arfer efo fo. Do'n i ddim yn or-hoff o'r *skuas* oedd yn eu mysg, gan mai aros eu cyfle i ymosod ar gywion bach tila yr oedd yr adar anferthol hynny; pan maen nhw'n cael gafael ar un, dydi hi ddim yn olygfa ddel. Nhw ydi fulturiaid a llwynogod yr Antarctig. Roedd 'na gyrff pengwins ar hyd y lle, ond fel gyda phob dim arall, dydyn nhw ddim yn pydru, dim ond yn rhewi a sychu'n grimp.

Mae cwt Carsten Borchgrevink yn Cape Adare hefyd, ond does ganddoch chi'm syniad pwy oedd hwnnw, nagoes? Wel, fo a'i griw oedd y rhai cynta i dreulio gaeaf cyfan yn yr Antarctig, ac mae'r cwt adeiladwyd ganddyn nhw yn 1899 yn dal i sefyll ac yn dal yn llawn o'u stwff nhw. Ond Cwt Shackleton yn Cape Royds dwi isio'i weld (mae'n debyg bod y merched i gyd â mwy o ddiddordeb yn hwnnw na Scott am ryw reswm), ac mi ddylen ni gyrraedd hwnnw ymhen deuddydd.

Gan ein bod ni'n dal i sbio ar bengwins tan wedi hanner nos neithiwr, aethon ni i'n gwelyau'n eitha hwyr. Dyna'r tro cynta i'r bar fod mor llawn, ond roedd pawb wedi cynhyrfu oherwydd y rhew. Roedden ni i gyd yn dal i fynd allan ar y dec bob munud, ac mi gynhyrfais i'n rhacs pan welais i forlo llewpart. Roedd Ingrid yn deud iddi weld orcas, ond doedd neb arall wedi sylwi. O ia, yn y gym pnawn ddoe, ro'n i'n pasio'r lle sauna, a be welais i ond dynes noethlymun yn cael *massage* gwialen fedw (wel, cangen fedw ta – roedd y dail yn dal arni) gan un o'r criw Rwsiaidd. Iechydwriaeth, roedd o'n edrych braidd yn boenus a . . . wel . . . preifat i mi. Ond Ingrid oedd hi, a dyna'r tyliniad gorau iddi ei gael erioed, medda hi. Awgrymodd Richard y dylai fy ffilmio i'n cael un. Ia, ia . . . ar dy feic, mêt.

Daeth Kirsten ar fy ôl i pnawn 'ma: 'Bethan, please don't whistle,' meddai. 'Dwi'n chwibanu?' gofynnais. Wyddwn i 'rioed mod i'n chwibanu. Ond mae'n debyg mod i'n gwneud hynny reit aml, a doedd y criw Rwsiaidd ddim yn hapus. Maen nhw'n credu'n gry bod chwibanu ar long yn hynod anlwcus; mae'n denu'r gwynt. Iawn felly, dim chwibanu o hyn allan – ond mae'n iawn i mi hymian.

Ta waeth, mae heddiw wedi bod yn ddiwrnod gwych. Awyr las a haul drwy'r dydd, a chael darlith hynod ddifyr am rew a silff rew Ross gan Tim, arbenigwr enillodd ei radd Gwyddorau'r Môr ym Mangor (sy'n digwydd bod yn eitha pishyn) (o, ac yn fab i Tony Soper, un o sefydlwyr Uned Byd Natur y BBC, ac sydd wedi bod yn yr Antarctig dros gant o weithiau) yn y bore, a wnes i'm syrthio i gysgu o gwbl. Gwneud broets yn y dosbarth arlunio a mwynhau'n arw, ac ro'n i yn y gym yn y pnawn pan ddaeth llais dros y *tannoy* – morfil 'hunchback' o flaen y llong! Allan â fi ar ras yn fy nhrowsus pen-glin – gweld y chwythiadau o ddŵr yn saethu i'r awyr, a lle bu'r gynffon ond dim mwy, damia. Ond o leia mi fues i bron â gweld morfil.

Ro'n i newydd ddechrau ar fy swper heno pan ddaeth cri arall – orcas! Brysio i drwyn y llong, a dyna lle roedden nhw, ugeiniau ohonyn nhw reit rownd y llong – o leia 50 meddai Ingrid. A rhai 'C type' oedden nhw – efo patshys llygaid bychain, bron yn Asiaidd. Mi fuon ni'n eu gwylio am oes, wedi gwirioni'n rhacs. Yna, mi wnes i redeg i fyny'r staer i nôl camera. Dwi'm yn gwybod pam wnes i drafferthu, gan mai camera sâl iawn sydd gen i, sy'n embaras mawr gan fod gan bawb arall gamerâu mawr drudfawr efo *zooms* anhygoel.

Jest cyn deg, roedden ni'n dechrau pasio 'Iceberg B15', y mynydd rhew mwya i gael ei gofnodi erioed. Mi dorrodd i ffwrdd o silff rew Ross yn 2000; roedd o ddwywaith hyd Cymru bryd hynny, ac er ei fod o dipyn llai rŵan, mae'n dal yn anferthol ('66 o filltiroedd môr,' meddai Tim – tua'r pellter rhwng Aberystwyth a

Chasnewydd) ac rydan ni wedi bod yn ei basio ers oriau rŵan.

23 Ionawr

Deffro'n gynnar efo sŵn y llong yn malu drwy rew – rydan ni wedi cyrraedd y pac-rew o'r diwedd! Hwn ydi'r rhew solat, hynod drwchus, sy'n golygu bod y llong yn gorfod torri drwyddo o ddifri rŵan. Allan yn syth i'r haul braf i sbio ar y rhew yn malu a'r pengwins yn sgrialu mewn panic, y morloi Ross del, sydd â'r llygaid mwya o'r morloi i gyd, sy'n troi ar eu cefnau, codi eu pennau ac agor eu cegau pan maen nhw wedi eu styrbio – e.e. pan mae 'na homar o long fawr ddu yn dod yn syth amdanyn nhw. Wedyn dyma 'na rywun yn deud eu bod nhw wedi gweld orcas. Wel myn coblyn i. Oedd hefyd, yn cymryd mantais o'r llwybr sydd wedi ei falu yn y rhew gan yr *icebreakers* sydd wedi bod y ffordd yma o'n blaenau ni. Mae'n golygu eu bod yn gallu mynd yn bellach i mewn i'r rhew ar ôl pysgod; fydden nhw ddim yn gallu dod fyny am aer oni bai am hynny.

Roedd yn olygfa hyfryd: un ffin ar ôl llall – un hir, hir y gwrywod, sy'n gallu ymestyn hyd at chwe throedfedd yn yr awyr, a rhai byrrach y genod. Aeth Ingrid, ein harbenigwraig ar orcas, yn wallgo bost. Mae hi'n hogan reit swnllyd ar y gorau, ond mae bod wrth ei hochr hi pan mae'n sgrechian 'This is Orcasmic!' yn gallu bod yn boenus. Ond mi wnaethon nhw i gyd ddiflannu'n reit handi pan welson nhw ni. Ro'n i wedi fferru erbyn hyn, felly yn ôl â fi am baned a thrio cael bywyd yn ôl i mewn i fy nwylo. Dim ond −4 ⁰C ydi hi, ond mae'r gwynt yn gwneud iddi deimlo'n llawer oerach. Ond dyma floedd arall ar y *tannoy* cyn hir: 'Orcas spy-hopping!' sef eu bod yn codi eu pennau i fyny ac i lawr yn y dŵr. Go brin bod

'na air Cymraeg am hynny, ond dwi am fentro
'busneslamu', neu jest 'busnesa.' Maen nhw'n gwneud
hynna fel arfer un ai i ddychryn pengwins (sy'n panicio'n
rhacs a neidio i mewn i'r dŵr, yn syth i ganol mwy o
orcas) neu i weld lle mae 'na forlo go flasus yn
gorweddian, wedyn mae'r pod yn cydweithio eto: yr un
efo'r trwyn caleta (am wn i) yn plymio'n ddwfn cyn
saethu'n ôl i fyny i godi'r darn rhew yn yr awyr fel bod y
morlo'n llithro oddi arno fo, yn syth i gegau'r orcas eraill.
Ond prin eu bod nhw'n meddwl gwneud hynny efo'r
Kapitan Khlebnikov. Naci, jest busnesa roedden nhw. Wir
yr rŵan, roedden nhw mor agos, roedden ni'n gallu
gweld eu llygaid nhw, a dwi'n eitha siŵr mai sbio arnon
ni roedden nhw – a dangos eu hunain. Mi fuon ni i gyd
yn busnesa a sbio ar ein gilydd am oes, ac mae 'na rai
wedi cael lluniau gwych ohonyn nhw, ond does gen i
ddim clem be ges i, os unrhyw beth. Mi nath y bali ffilm
orffen ar ganol y sioe beth bynnag, felly bu'n rhaid i mi
fodloni ar eu gwylio nhw. Ond argol, y fath wefr, y fath
adrenalin. Dwi'n dechrau dallt rŵan pam fod gan Ingrid
y fath obsesiwn.

I'r Dyffrynnoedd Sychion pnawn 'ma, rhywle sy'n cael
ei ddisgrifio fel: ' . . . an amazing other-wordly landscape
of wind-eroded rocks and desert scenery unlike anywhere
else in the world.' Hm. Bosib bod yr awdur wedi mynd i
ran arall o'r dyffrynnoedd. Doedd be weles i yn ddim byd
tebyg. Roedd y daith yno mewn hofrennydd yn hyfryd,
ond wedi glanio, y cwbl welais i oedd llwyth o gerrig, a
mymi o forlo oedd wedi llusgo'i hun yno o leia chydig
gannoedd o flynyddoedd yn ôl. Mae'n rhaid ei fod o wedi
drysu, achos roedd o dros 50 milltir o'r môr, ac ydi,
mae'n sych yno: y lle mwya sych yn Antarctica i gyd, a
gan mai dyma'r cyfandir sychaf yn y byd, mae hynna reit
sych. Ond ches i mo fy ngwefreiddio gan y lle. Bosib mai
blin o'n i; dwi'n dechrau cael llond bol o gael fy nhrin fel

dafad. Dach chi'n gweld, er mwyn gofalu na fyddwn ni'n effeithio gormod ar y tirwedd, mae 'na reolau caeth, e.e. dydan ni byth yn cael crwydro oddi ar y llwybrau sy'n cael eu gosod i ni, felly rydan ni i gyd yn dilyn y llall o amgylch y gylchdaith fflagiau oren 'ma. Ydi, mae'n gwneud synnwyr a dwi'n dallt y rhesymeg yn iawn, ond dwi'n dal i deimlo fel dafad, yn enwedig gan ein bod ni i gyd yn gorfod gwisgo'r cotiau oren 'ma bob tro rydan ni'n gadael y llong. Rydan ni wedi bedyddio ein hunain yn 'y pengwins oren'.

24 Ionawr

Rydan ni wedi parcio yn y rhew trwchus yn McMurdo Sound, sef y darn bach o fôr i'r dde o Ynys Ross sy'n sownd yn silff rew Ross. Mae'r awyr las wedi diflannu dros dro, mae'n chwythu, ac mae'n gythreulig o oer y tu allan: −4 °C, ond efo'r gwynt mae'n agosach at −20°. Ond yma ym moethusrwydd y llong, dwi'n gynnes fel tôst. Ac mi fydd hi'n braf eto ymhen dim, garantîd. Mae'r tywydd yn newid ei feddwl bob munud.

Mae'n hyfryd bod yn ôl yn y rhew a'r golau dydd di-ben-draw. Ro'n i wedi gweld ei isio fo ers gadael y Pegwn, rhaid cyfadde. Dwi'n dallt yn iawn pam fod Scott a Shackleton a'r rheina wedi cael eu denu'n ôl yma dro ar ôl tro. Mae o fel magned, does 'na'm dwywaith.

A sôn am rheiny, mi fuon ni yng nghwt Shackleton bore 'ma, a chwt Scott yn y pnawn. Ches i fawr o amser yng nghwt Shackleton – dim ond 4 sy'n cael mynd i mewn ar y tro ac roedd 'na giw hir y tu allan, a gan ei bod hi mor gythreulig o oer, do'n i'm yn licio gwneud i neb aros fwy nag oedd raid. Roedd y cwt ei hun yn ddigon diddorol, efo'r hen stôf fawr a thecell a'r geriach i gyd, tuniau bwyd a bob dim, fel ei bod hi'n ddigon hawdd dychmygu mai dim ond newydd bicio allan oedden nhw. Mi fuon nhw yma o 1907 tan 1909, a llwyddo i fod y bobl gyntaf i ddringo Mount Erebus (3,794 m) wedi pum diwrnod caled o ddringo, a threulio bron i ddau fis a hanner yn cerdded a llusgo am y Pegwn, a gorfod troi'n ôl am fod Shackleton yn ddigon call i sylweddoli nad oedd ganddyn nhw ddigon o fwyd a thanwydd i fedru cyrraedd yn ôl wedyn. 'Am drefniant gwyddonol a daearyddol, dyro i mi Scott,' meddai Apsley Cherry-Garrard yn *The Worst Journey in the World*, 'am daith aeaf, Wilson; am sbrint i'r pegwn a dim byd arall, Amundsen; ac os dwi mewn coblyn o dwll ac isio dod allan ohono, dyro i mi Shackleton bob tro.'

Boi fel'na oedd Shackleton, yn poeni mwy am les ei ddynion a'i anwyliaid nag am enwogrwydd; 'Gwell mul byw na llew wedi marw,' meddai wrth ei wraig wedi iddo fo ddod yn ôl, ac efallai mai dyna pam fod merched yn tueddu i feddwl mwy ohono fo nag o Scott.

Mi ges i brofiad llawer cryfach yn Cape Evans, lle mae cwt Terra Nova, yr un lle ffarweliodd Scott, Wilson, Oates, Evans a Bowers â'u cyfeillion i geisio cyrraedd y Pegwn cyn Amundsen. Dwi'm yn siŵr be ydi o, ond yn bendant, mae 'na deimlad od yno. Mae'r creiriau bron yr un fath â chwt Shackleton, sachau cysgu croen ceirw (*reindeer*) ar y byncs pren, dillad a sgidiau ar hyd y lle, a llond gwlad o duniau bwyd a photeli (llawn) ar y silffoedd. Dwi'n meddwl mai'r bwrdd sy'n gwneud y gwahaniaeth, sef yr union fwrdd sydd yn yr hen lun du a gwyn 'na o'r criw i gyd yn dathlu pen-blwydd Capten Scott yn 1911. Mae 'na lampau a llestri arno fo o hyd, a dach chi jest yn gallu eu gweld nhw, eu teimlo nhw i gyd yn eistedd o'i gwmpas.

O'r cwt yma yr aeth tri ohonyn nhw ar 'the worst journey in the world' i nôl wyau pengwins Emperor, drwy dywyllwch 24 awr ac oerfel dychrynllyd oedd yn –60 °F ar gyfartaledd. Pan ddaethon nhw'n ôl fis yn ddiweddarach, prin bod y lleill yn eu nabod nhw.

Ac o fan'ma yr aeth pump ohonyn nhw ar y daith olaf i'r Pegwn, dim ond i farw fesul un ar y ffordd yn ôl, wedi eu siomi'n rhacs ar ôl gweld bod Amundsen wedi cyrraedd yno 35 niwrnod o'u blaenau nhw, ac yn llwgu'n araf am nad oedd ganddyn nhw ddigon o fwyd efo nhw. Mae'n stori wirioneddol erchyll a thrist, ac mae hanes Oates yn gadael y babell ynghanol storm gyda'r frawddeg: 'I am just going outside and may be some time' a phawb yn gwybod pam roedd o'n gwneud hynny· – i adael mwy o fwyd i'r gweddill – yn un o'r hanesion tristaf a mwyaf arwrol i mi eu clywed erioed. Ac ia, dyna pam mae rhywun yn teimlo iasau rhyfedd yn y cwt yna.

26 Ionawr

Cerdded ar y rhew y bore 'ma. Roedd rhai'n chwarae pêl-droed, a rhai'n ddigon hurt i gymryd y 'polar plunge', sef neidio i mewn i'r dŵr. Ia, dŵr rhewllyd (–1.7 °C) yr Antarctig. Roedd y criw wedi gosod pob dim yn barod: coeden balmwydd ffug, ysgol i bobl ddringo i mewn a/neu allan, a harnes i bob ffŵl oedd am roi cynnig arni – rhag ofn y byddai angen eu tynnu allan. Mi blymiodd y rhan fwya dros eu pennau – a dod allan bron yn syth. Ond yr hen foi Rwsiaidd oedd yr arwr: fe gerddodd o i mewn yn araf i lawr yr ysgol, gyda steil a *panache*, a nofio. Roedd o yn y dŵr yn hirach na neb, tua deg eiliad dwi'n meddwl. Os ydach chi ynddo fo am dros 30 eiliad, mae'r corff yn dechrau dod i stop mae'n debyg. Mi fyswn i wedi rhoi cynnig arni, wrth gwrs, ond nid ar gamera. Dyna fy esgus i a dwi'n glynu wrtho. Doedd y ffaith fod pob hogan arall fu wrthi yn ifanc a hynod siapus – un yn gymnast rhyngwladol – yn effeithio dim ar fy mhenderfyniad . . . A ph'un bynnag, mae'n gêm beryg: mae'n bosib i chi gael ffasiwn sioc wrth daro'r dŵr, fel y byddwch chi'n llyncu yn lle dal eich gwynt. Yn y bôn, os dach chi'n disgyn i mewn i'r môr yn fan'ma, dach chi'n marw. Ac un gair o gyngor ges i ar ddechrau'r daith oedd: 'Oherwydd y bydd dy gorff di'n oeri mor sydyn, fydd dy gyhyrau di'm yn gweithio, felly ti'n debycach o foddi cyn marw o heipothermia, felly'r peth calla i neud os ti'n disgyn i mewn ydi nofio fel y cŷth am y gwaelod.'

Gawson ni brofiad tipyn mwy soffistigedig pnawn 'ma: cael ein cludo mewn hofrenyddion i ben mynydd rhew B15A. Roedd staff y bar wedi glanio o'n blaenau ni ac wedi adeiladu bar allan o rew, ac yno y buon ni, 40 metr uwchlaw'r môr, yn yfed gwydrau o siampên yn yr heulwen ar ben y mynydd rhew mwya'n y byd. Hyfryd.

Ond mae mynydd rhew mor fawr â hwn yn gallu bod yn beryg. Mae'n debyg fod gwyddonwyr yn poeni fod y B15A ar fin taro'n erbyn tafod rhew Drygalski; roedd o i fod i wneud hynny ar 26 Rhagfyr, ond roedd o 3.5 milltir i ffwrdd y diwrnod hwnnw, ac mi alla i ddeud wrthach chi ei fod o'n dal 3.5 milltir i ffwrdd pan basion ni heddiw ar 26 Ionawr.

Ddoe, mi fuon ni yn McMurdo station, sef canolfan anferthol yr Unol Daleithiau. Mae'n erchyll. Mae'n rhy fawr, yn rhy flêr a do'n i'm yn teimlo'n gyfforddus yno o gwbl. Dwi'm yn meddwl bod y gweithwyr yn rhy hapus yno chwaith. Mae 'na bob math o straeon am y lle: bod cyffuriau'n broblem, ac nad ydyn nhw'n cadw at reolau 'cadw'r Antarctig yn daclus a phur' chwaith. Yr honiad swyddogol ydi eu bod nhw'n gyrru pob peint o garthion yn ôl i'r UDA. Ond mae eraill yn deud mai ei gladdu o yn y rhew maen nhw. Mae'n debyg hefyd bod rhyw ugain o bobl yn gadael y gwersyll bob dydd i weithio yn y maes awyr: pob un yn ei gar ei hun . . . A phan es i i'r tŷ bach yno, ges i fraw: ar gefn y drws, roedd 'na restr hirfaith o gyfarwyddiadau ynglŷn â sut i olchi'ch dwylo. Roedd o mor elfennol, ro'n i isio chwerthin: gwlycha dy ddwylo gyda'r dŵr, '. . . then apply soap, then rub hands together for 10–15 seconds. It is the rubbing of the soap againt the skin that creates the cleaning process.' Mae'n anodd credu bod hufen gwyddonol yr UDA yn gorfod cael cyfarwyddiadau fel'na. Ond mi ddywedodd rhywun wrtha i wedyn y byswn i'n synnu cyn lleied o bobl sy'n gwybod sut i olchi eu dwylo'n iawn. Rhyfedd o fyd.

Ymlaen â ni i Scott Base, sef gwersyll Seland Newydd, a dyna'r pella aethon ni am y de (77°51' S). A dyna be oedd gwahaniaeth: roedd o'n daclus a del, pob adeilad yn wyrdd a heb fod yn edrych allan o le ym mherffeithrwydd yr Antarctig. Ges i baned hyfryd o goffi gan un o fois y gegin, ac roedd pawb yno'n annwyl iawn. Roedd yr awyrgylch gymaint mwy cyfeillgar a ffwrdd â hi, a phob arwydd yn llawn hiwmor. Er, roedd y ddarlith gawson ni am wyddoniaeth yn ormod i mi; mi syrthiais i gysgu ar ei chanol. Roedd y drafodaeth yn y bar y noson honno'n ddifyr iawn: roedd pawb o Ewrop, Awstralia a Seland Newydd wedi mwynhau Scott Base yn fwy na McMurdo, ond roedd yr Americanwyr i gyd yn falch iawn o McMurdo. Wel, rhai. Yn dawel bach, fe gyfaddefodd ambell un eu bod nhw'n gwaredu eu bod nhw'n talu trethi i redeg y ffasiwn le.

28 Ionawr

Glanio ar Inexpressible Island bore ddoe, ac oherwydd fod Richard wedi deud nad oedd raid i mi wneud dim â'r ffilmio, mi ges i ryddid hyfryd i grwydro fel y dymunwn. Doedd 'na'm fflagiau oren tro 'ma chwaith, na gorfod bod mewn grwpiau, na gorfod gwrando ar unrhyw arbenigwr, ac roedden ni i gyd yn cael crwydro i bob man. Argol, nes i fwynhau. Mi fues i'n neidio o un garreg fawr i'r llall fel plentyn chwech oed, ac mi wirionais i pan ddois o hyd i sgerbwd morlo eliffant. Roedd 'na bengwin Emperor bach ifanc yn sefyll fel delw ynghanol nunlle hefyd, a morloi mawr Weddell yn cysgu'n sownd ar hyd y lle ac yn edrych yn hynod debyg i'r cerrig os nad oeddech chi'n ofalus. Oedd, roedd fy mwynhad yn 'inexpressible'.

Ac yn y pnawn, ger gwersyll yr Eidalwyr ym mae Terra Nova, mi welson ni'r mynyddoedd rhew gorau eto. Roedden nhw i gyd yn las a gwyrdd, a'r siapiau rhyfedda. Roedd 'na un yn edrych yn union fel draig, ac aeth Tim â ni'n agos iawn ato yn y cwch *zodiac*, mor agos nes mod i'n gallu ei glywed yn canu. Wir yr rŵan, mae pob mynydd rhew yn toddi'n ara bach, ac mae'n swnio'n union fel sŵn sibrwd a shwshian. Mi fyswn i wedi gallu gwrando a gwylio drwy'r dydd.

Ar ôl swper, roedden nhw'n dangos *Scott of the Antarctic* yn y sinema. Dwi wedi ei gweld o'r blaen, ond mae'n golygu gymaint mwy rŵan ar ôl bod yn y llefydd 'na i gyd. Roedd cwt Scott yn union fel mae o go iawn. Oes, mae 'na dalpiau mawr o'r stori ar goll, a phortread John Mills o Scott yn ei wneud o'n dipyn mwy o arwr nag oedd o go iawn (yn fy marn i), ac mae acen Taffy Evans yn frawychus, ond ar y cyfan – chwip o ffilm.

Aeth rhai am dro dros yr Ironside Glacier yn yr hofrenyddion pnawn 'ma, ond mae arna i ofn mod i wedi cwympo i gysgu'n sownd ar ôl cinio, a cholli'r cwbl. O wel. Mi wnes i orffen darllen *The Whale Rider* gan Witi Ihimaera, llyfr gwirioneddol hyfryd o Seland Newydd, ac mae'r ffilm ymlaen heno, fel mae'n digwydd.

Dwi wedi bod yn sgwrsio efo rhai o'r teithwyr eraill am y geiriau diarth sydd yn eu Saesneg nhw. Er enghraifft, yn Seland Newydd, mae 'dag' yn golygu dynes gref, sy'n gwybod ei meddwl. Ond yn Awstralia, mae'n golygu caglau ar ben-ôl dafad. (Angen bod yn ofalus efo 'She's a

dag', felly.) Mae 'na ddynes o Texas sy'n methu'n lân â
deud 'towel' – 'tâl' sy'n dod allan bob tro, ac mae hi'n
piso chwerthin pan mae pobol yn sôn am 'rubbish' –
'trash' ydi o iddi hi, wrth gwrs. A phan ddywedodd
Marian (o Seland Newydd) bod un mynydd rhew yn
edrych yn union fel 'beer', ro'n i'n anghytuno'n llwyr.
Ond arth oedd hi'n ei feddwl.

O ia, dwi heb sôn am Marian eto, naddo? Wel, roedd
gen i stafell i gyd i mi fy hun i ddechrau, ond roedd 'na
nifer fawr o bobl yn gorfod rhannu – a hynny'n aml efo
pobol cwbl ddiarth. Doedd pob perthynas ddim yn un
lwyddiannus, ac roedd partner Marian druan yn –
wel . . . roedd ganddi broblemau. Yn un peth, roedd hi'n
od, yn gegog ac yn gas, ond yn waeth na dim, mi
fyddai'n tueddu i gael damweiniau yn y gwely, ac roedd
hi'n drewi braidd, ond yn cwyno'n arw pan fyddai Marian
yn agor y ffenest. Roedd 'na rai'n deud mai trio bod yn
annifyr er mwyn cael llofft iddi hi ei hun oedd hi, ond hi
oedd yr unig Ffrances ar y llong ac ro'n i'n teimlo drosti,
ond buan y newidiais fy meddwl a theimlo'n flin efo hi
am roi enw drwg i'w chyd-wladwyr. Iechyd, roedd hi'n
hen ast. Mi wnes i gynnig fy ngwely sbâr i Marian fwy
nag unwaith, ond gwrthod wnaeth hi. Wel, yn y diwedd,
aeth hi'n ffrae go iawn rhwng y ddwy ac mi symudodd
Marian i mewn efo fi. Roedden ni wedi clicio beth
bynnag. Roedd Marian wedi bod yn briod efo Cymro am
flynyddoedd, ond mi fuo fo farw'n sydyn ddwy flynedd
yn ôl, a hwn oedd ei gwyliau cynta hebddo fo. Mae 'na
nifer o'n cyd-deithwyr newydd golli cymar, erbyn deall.
Dwi'm yn gwybod os ydi'r Antarctig y math o le mae pobl
yn mynd yno i ddod dros brofiad o'r fath, ond alla i ddim
dychmygu unrhyw le gwell.

Sadwrn, 29 Ionawr

Roedd ffilm *Whale Rider* yn dda iawn gydag actio
arbennig, ond roedd y llyfr yn well (wastad yn wir tydi?).
Nes i grio er hynny, ond roedd Kirstin yn udo, ac mae hi
wedi'i weld o dair gwaith!

Trip hofrennydd eto heddiw, dros y pac-rew. Ro'n i'n
gegrwth. Roedd 'na bob math o rew oddi tanon ni, o'r
carped o rew trwchus sy'n forloi i gyd, i'r darnau crwn
crempogaidd, taclus, i'r pac-rew sy'n ddarnau bob sut,
bob siâp a phob trwch, ac o'r awyr, yn edrych yn union
fel conffeti un munud, ac fel caleidosgop y munud nesa;
roedd o mor fendigedig, o'n i'n ochneidio'n uchel. Ond y
gorau o ddigon oedd y bysedd o rew tenau oedd yn
plethu yn ei gilydd a dal dwylo, yn lliwiau glas, gwyn,
arian ac aur yn yr haul. Roedd y peilot yn synnu mod i
ddim yn clic-clician tynnu lluniau fel y gweddill, ond mi
wnes i drio egluro wedyn: does gen i ddim camera da
iawn, dwi ddim yn ffotograffydd, ac i be wna i gyfyngu
gweld y fath ryfeddodau drwy lens bach hirsgwar? Drwy
stwffio fy nghamera yn fy mhoced a jest sbio, ro'n i'n
gweld bob dim – ac ro'n i'n gweld mewn geiriau – ro'n i'n
ei deimlo fo, ac roedd y wên gymaint lletach ar fy wyneb
i nag ar y clic-clicwyr, dwi'n gwybod. Anghofia i byth
mo'r daith yna. Ac alla i wastad weld lluniau'r lleill, ond
dwi'm yn siŵr os ydw i isio. Weithiau, mae'r cof yn
cadw'r atgof yn well.

Parcio yn y rhew trwchus wedyn i gael BBQ ar y rhew,
a myn coblyn, pwy ddoth draw i fusnesa ond dau
bengwin Emperor. Dyma pawb yn sgrialu i nôl eu
camerâu. Mi wnes i ymuno efo'r criw oedd yn dilyn
Ingrid fel commandos ar ein boliau a pheneliniau i dynnu
lluniau agosach. Os ydach chi'n aros yn isel, wnawn
nhw'm dychryn, mae'n debyg. Roedd o'n hwyl, beth
bynnag, ac mi ges i ambell lun reit dda. Mi ges i sbio ar y

pengwins drwy sbinglas Ingrid wedyn, ac roedd hynny'n wych – ro'n i'n gallu gweld pob pluen, ac roedden nhw'n edrych fel tasen nhw'n farrug i gyd yn sgleinio yn yr haul. Mae gan y pengwins yma steil.

Bu'n rhaid i ni frysio drwy'r BBQ yn y diwedd am fod 'na dywydd gwael ar y ffordd, ac roedd y capten isio gadael er mwyn ei osgoi.

31 Ionawr

Mae'r capten 'ma'n goblyn o foi, achos welson ni mo'r tywydd drwg, ac mae'n awyr las a haul llachar eto heddiw; tywydd delfrydol ar gyfer ein taith olaf yn yr hofrenyddion, a thaith hir oedd hi hefyd – rhyw ugain milltir ar draws y rhew i hen wersyll Rwsiaidd o'r enw Leningradskaya. Cafodd ei godi yn 1957 ond ei adael ar dipyn o frys yn 1988–89. Mae'r lleoliad yn fendigedig, ar dop clogwyn anferthol efo golygfeydd hyfryd, ond mae'r llanast rhyfedda yno: lorïau, tanciau, adeiladau, pentyrrau o *test tubes* wedi malu, a llond cwt o fwtsias mawr duon a hetiau a sachau cysgu. Ac yn un cwt, roedd 'na fwrdd, cadeiriau, set gwyddbwyll a photel o fodca. Mae'n rhaid eu bod nhw wedi gadael ar ganol gêm. Doedd 'na neb yn siŵr iawn pam fu'n rhaid gadael mor sydyn, ond beryg fod a wnelo diffyg cyflogau rywbeth ag o. Roedd o'n lle rhyfedd a deud y lleia, ond hynod ddifyr – a fawr ddim fflagiau oren yno. Roedden ni i gyd yn crwydro a busnesa fel y mynnen ni. Felly'r lle sydd mewn mwya o lanast ydi'r lle gawson ni fwya o hwyl yn y pen draw. Mae gwledydd yr 'Antarctic Treaty' i fod i'w glirio ryw ben, ond does 'na neb yn neidio at y cyfle hyd yma.

1 Chwefror

Roedd pawb yn addo storm go iawn ar gyfer heddiw, ac
mi ges fy nghynghori i gymryd tabledi rhag blaen. Ond
dwi isio gweld os galla i wneud hebddyn nhw, a ph'un
bynnag, dwi'm isio bod yn gysglyd heb angen, a dwi isio
profi storm go iawn. Dwi wrth fy modd efo stormydd a
mellt a tharanau ac ati. Ond jest rhag ofn, dwi wedi bod
yn cnoi darnau o sunsur *crystallized* bob hyn a hyn;
mae'n debyg ei fod yn dda ar gyfer salwch môr, ac roedd
yr hen forwyr Tsieniaidd yn arfer cadw sleisan o sunsur
ffres yn eu cegau. Ond mae hwn yn gapten gofalus iawn,
yn hwylio tua'r gorllewin i osgoi'r tywydd drwg, ac am
droi am y gogledd ar y munud ola. Roedd y capteniaid
blaenorol jest yn mynd mewn llinell syth, mae'n debyg.
Mae Rod Ledingham, Albanwr mawr sy'n un o'r
arweinyddion, wedi deud wrtha i mai'r cwbl sydd angen
ei wneud os dwi'n teimlo'n giami ydi gorwedd i lawr, cau
fy llygaid ac yfed dŵr nes dwi'n teimlo'n well. Ac mae o'n
falch mod i'n gwrthod cymryd tabledi achos mae o
wastad wedi bod isio llun o rywun yn chwdu dros yr
ochr . . . Dwi wedi deud y gwna i adael iddo fo wybod
pan mae'r stumog yn dechrau corddi. Ond mae Kirsten
yn deud na ddylwn i lygru'r mor, ac mod i i fod i chwdu
mewn bag! Mae pobl yn meddwl mod i'n hurt i fod ISIO'r
profiad o fod yn sâl môr. Ond y peth ydi, mi fydd yn
brofiad newydd i mi, ac yn rhywbeth i sgwennu amdano
fo. Ond mae Rod yn deud ei fod o'n gallu deud – dim ond
wrth sbio ar bobl yn dod ar y llong ar y diwrnod cyntaf
un – pwy fydd yn sâl môr, 'And you're not one of them'.

Dywedodd arweinydd arall – Debbie, merch o Dde'r
Affrig sydd wedi gweithio ar wahanol longau ers
blynyddoedd – bod 'na *morgues* ar longau mawr sy'n
mynd i wledydd poeth ac sydd â llawer o bobl mewn oed
arnyn nhw. Mae'n debyg bod 'na ddwsinau'n marw ar

bob taith! Does 'na ddim *morgue* ar y *Kapitan*, a neb wedi marw arni eto. Ond ges i hanes Americanes ar y trip llynedd oedd yn 'high maintenance' ofnadwy, ac â hip giami, oedd wedi gwrthod bob trip ar *zodiac* a hofrennydd am ei bod hi'n cadw ei hun ar gyfer McMurdo. Ond mi fethon nhw â chyrraedd McMurdo y tro hwnnw oherwydd y rhew. Ac ar y ffordd yn ôl mi gawson nhw anferth o storm. Ganol nos, roedd ei bagiau hi'n llithro ar hyd y lle felly mi gododd i drio eu strapio i lawr. Mi ddisgynnodd a thorri ei garddwrn. Roedd hi'n rhannu llofft efo dynes arall, ond roedd honno wedi bod yn yfed fel ych yn y bar ac wedi cael KO. Wrth lwc, roedd dau ddyn oedd wedi bod yn yfed efo honno wedi penderfynu mynd i'w nôl hi i gael mwy o ddiod; i mewn i'r cabin â nhw, a gweld yr hen ddynes fach druan yn crio ar y llawr yn dal ei braich . . . Y greadures.

Mae'r niwl yn drwchus rŵan felly rydan ni'n mynd yn hynod araf. Mae ganddyn nhw radar ar gyfer mynyddoedd rhew, ond maen nhw'n dal yn gorfod bod yn ofalus. Ond duwcs, tra dwi'n sgwennu hwn, mae'r niwl wedi codi. Wrth sbio drwy'r *porthole*, dwi'n gallu gweld darnau bychain iawn o rew yma ac acw, ond yn sicr, rydan ni'n ffarwelio efo'r rhew rŵan.

Dyfyniad y dydd: 'Strange: there is always sadness on departure. It is as if I cannot after all bear to leave this barren waste of ice, glaciers, cold and toil' – Fridtjof Nansen. A dwi'n cytuno efo fo i'r carn.

I ychwanegu at y felan, dwi newydd gael bil am yr ebyst dwi wedi bod yn eu gyrru oddi yma: $151, sef £90! Dwi mewn sioc.

2 Chwefror

Mi gododd y gwynt a'r tonnau neithiwr; roedd yr inclinometer yn dangos 20 gradd yn ystod y nos. Ond do'n i'm angen sbio ar hwnnw i wybod ei bod hi'n go rŷff. Roedd 'na sŵn gwydr yn malu'n rhacs yn dod o'r gegin ac mi gafodd ambell un ei daflu allan o'i wely – gan gynnwys fi. Ro'n i'n eitha mwynhau'r effaith consertina ar ddechrau'r daith 'ma, ond si hei lwli o beth oedd hynny o'i gymharu â neithiwr. Roedd fy mhen yn cael ei waldio yn erbyn y wal, wedyn mi fyddwn i'n saethu i waelod y gwely fel bod fy nhraed yn taro'r cwpwrdd, ac er i mi ddysgu rhoi mraich yn fy nghas gobennydd fel bod y gobennydd yn dod efo fi, o leia, mynd yn ôl a mlaen felly ro'n i drwy'r nos. Roedden ni wedi cau bob dim ymlaen llaw, ond yn amlwg, roedd 'na afal wedi dod yn rhydd yn rhywle, ac yn saethu'n ôl a mlaen ar hyd y llawr fel rhyw *Exocet missile*. Mi wnes i estyn i drio'i ddal, a methu. Felly mi estynnais ymhellach, jest fel roedd y llong yn mynd dros fynydd o don. Mi es i din dros ben a glanio ar fy nghefn ar y llawr. Mi fu Marian yn chwerthin am ugain munud solat.

A naddo, fues i ddim yn sâl.

3 Chwefror

Wrthi'n gollwng angor o flaen Ynys Maquarie. 'This little island is one of the wonder spots of the world,' meddai Syr Douglas Mawson yn 1919; gawn ni weld os ydi hynny'n dal yn wir. Mae'n bosib y bydd hi'n anodd mynd ar y *zodiacs* heddiw am fod 'na ffasiwn donnau.

Mi wnes i gysgu'n well o lawer neithiwr; ro'n i'n rhowlio llawer llai am mod i wedi gwrando ar gyngor Rod ac wedi stwffio llwyth o ddillad a chotiau ac ati o dan droed y fatres. Ond oherwydd hynny, mi golles i'r cyhoeddiad am 2.30 y bore fod yr Aurora Australes i'w weld. Cicio fy hun. O ia, mae'n debyg bod yr hen Ffrances wedi torri'i braich yn y gawod neithiwr. Roedd Marian yn methu peidio â gwenu.

Dwi newydd fod allan ar y dec, ac mae'n gynnes braf (9 °C). Mae 'na filoedd ar filoedd o bengwins brenhinol yn nofio o amgylch y llong yn crawcian a busnesa, yn amlwg â dim ofn o gwbl. Maen nhw'n llawer iawn mwy na'r rhai Adelie, ac yn llawer harddach hefyd. Edrych ymlaen i'w gweld nhw ar y tir.

Gwener, 4 Chwefror

Wrthi'n hwylio i ffwrdd o Ynys Macquarie. Mae geiriau Syr Douglas Mawson yn dal yn wir. Welais i 'rioed gymaint o fywyd gwyllt mewn un lle yn fy myw: pedwar math o bengwin – hyd at bedair miliwn ohonyn nhw – pedwar math o albatros, llwythi o adar eraill fel *prions* a *skuas,* a rhyw 100,000 o forloi a'r rhan fwya o'r rheiny yn forloi eliffant. Am fod 'na gymaint i'w weld, gawson ni lanio a chrwydro yno am oriau ddoe ac eto heddiw, mewn bae gwahanol. Ddoe, mi fues i'n eistedd am oes ym mae Lucitania ynghanol King pengwins, y pengwins gorau ohonyn nhw i gyd yn fy marn i: maen nhw'n fawr a thlws a busneslyd, yn dangos dim ofn o gwbl. Ro'n i'n trio cadw at y rheol pum metr, ond os o'n i'n eistedd neu'n mynd ar fy nghwrcwd i fod ar yr un lefel â nhw, mi fydden nhw'n dod draw bron yn syth i bigo nhraed neu fy mysedd i weld os oedd modd bwyta rhywbeth, ond doedden nhw'm yn pigo'n galed o gwbl – roedd o'n fwy o gosi. A heddiw, mi fuon ni ym mae Sandy, lle mae 'na dair mil o barau ohonyn nhw (a chryn dipyn o Royals hefyd), rhai efo wyau yn y boced ar eu traed, rhai efo cywion bach fflyffi, hurt iawn yr olwg, a rhai yn gwneud y ddawns ryfedda oedd, yn ôl Kirsten a Jane a fu'n byw yma am fisoedd, yn ffordd o fflyrtio a dod o hyd i gymar. 'Who would have ever believed in penguins unless he had seen them' – Connor O'Brien. Ond bu bron i mi dagu pan glywes i Americanes yn holi Kirsten am ddull y pengwins o gario wyau ar eu traed. 'Gee, that is so cute! So tell me . . . does the shell grow after they've laid the egg?' Dwi'm yn gwybod sut lwyddodd Kirsten i gadw wyneb syth.

Hefyd, roedd 'na forloi eliffant mawr blonegog, drewllyd, yn gorweddian a rhechan a chwalu gwynt mewn pyllau o fwd, neu dros ei gilydd ar y traeth. Mae'r rhai gwryw yn gallu pwyso hyd at 4 tunnell, felly dwi'n methu dallt pam nad ydyn nhw'n brifo'i gilydd wrth orwedd dros ei gilydd fel'na. Mae'r haen o fraster sydd drostyn nhw yn gallu bod hyd at 15 cm (6 modfedd) o drwch, a dyna pam gawson nhw – a'r pengwiniaid – eu lladd yn y ffasiwn niferoedd yn y 18fed ganrif i wneud olew. Mae 'na *digesters* mawr hyll wedi rhydu yn dal ar yr ynys, lle bydden nhw'n toddi'r cyrff yn olew: wedi iddyn nhw bron chwalu niferoedd y morloi am byth, y pengwins oedd yn ei chael hi wedyn.

Roedd y tonnau'n eitha mawr heddiw, felly roedd hi'n anodd iawn cael rhai o'r bobl hŷn a llai ystwyth i mewn ac allan o'r *zodiacs* – ac mae 'na gryn dipyn o'r rheiny. Roedd y morwyr Rwsieg oedd yn goruchwylio'r broses mewn dŵr at eu ceseiliau pan fyddai'r tonnau ar eu gwaethaf.

Ro'n i'n eistedd drws nesa i Evelyne o Chicago amser swper; mae hi'n 84 ac yn goblyn o gês. Mae hi'n wraig weddw ac yn mynd i Jamaica ar ôl y trip yma. Mae'n eitha amlwg ei bod hi'n goblyn o bishyn pan oedd hi'n iau, ac o ddarllen rhwng y llinellau, roedd hi wedi priodi dyn efo llwyth o bres, a gwario'r pres hwnnw mae hi rŵan gan ei bod hi'n cael gwneud unrhyw beth mae'n ei ddymuno efo fo bellach. Mae hi'n sicr yn gwybod sut i fwynhau ei hun beth bynnag; weles i 'rioed neb yn fflyrtio cystal efo'r dynion!

Roedd ganddon ni arddangosfa o'n gwaith arlunio heno; mi wnes i fwynhau'n arw, a ges i ymateb da iawn i'r llun wnes i o bengwin bach tew.

6 Chwefror

Rhowlio hyd at 30 gradd echnos, a rhywbeth tebyg eto neithiwr, ond mi gysgais fel babi. Daeth Mike, Sais sy'n byw yng Nghaerdydd, ata i bore 'ma i ddeud 'Llongyfarchiada!' Doedd gen i'm clem am be roedd o'n sôn nes iddo egluro ei fod wedi bod ar y ffôn efo'i wraig neithiwr, a gan mai Cymraes ydi hi, y peth cynta ddywedodd hi wrtho oedd bod tîm rygbi Cymru wedi curo Lloegr 11–9 ddoe! Mae hynna wedi gwneud fy niwrnod i, yn enwedig gan fod 'na ryw fath o bapur newydd yn cael ei ffacsio i'r llong bob dydd, a dim ond hanes tîm Lloegr sydd wedi bod ynddo hyd yma – dim gair am Gymru. Dwi wedi gwneud cwyn swyddogol.

Gan fod ganddon ni gymaint o amser rhydd rŵan, dwi wedi bod yn gweithio cryn dipyn ar *Pen Dafad*, llyfr dwi i fod i'w sgwennu ar gyfer yr arddegau, ac mae'n braf cael syniadau gan yr holl ffermwyr defaid sydd yma o Awstralia a Seland Newydd. Ond chwerthin wnaeth un Americanwr pan welodd o fy mheiriant iBook i. 'Mae hwnna'n *antique* bellach, tydi?' meddai. Ym myd y cyfrifiaduron, mae'n siŵr ei fod o, ond dwi'n hapus iawn efo fo, diolch yn fawr.

8 Chwefror

A dyna ni, dwi'n ôl ar dir sych yn Hobart, Tasmania. Ond dwi'n dal i siglo. Mae bod ar y *Kapitan Khlebnikov* am dair wythnos wedi cael effaith arna i. Ges i drafferth cysgu yn y gwesty neithiwr am mod i'n dal i siglo, ond doedd y gwely ddim, ac ro'n i'n dal i siglo wrth y bwrdd brecwast. Roedd 'na ambell un arall fu ar y daith yn siglo fel finna, ac erbyn ystyried y peth, y rhai oedd orau am gerdded yn gam a mynd fel pendiwlwm efo rhythm y cwch oedd yn cael trafferth dod allan ohoni ar dir sych.

Y *Kapitan Khlebnikov* rhywle ym Môr y De.

Pengwin brenhinol.

'Morlo eliffant mawr blonegog, drewllyd, yn gorweddian a rhechan a chwalu gwynt . . .'

Mae teithio'n ffordd wych o wneud ffrindiau.

Dau bengwin oren ynghanol yr Adelies.

Y bwydiach sy'n dal yng nghwt Capten Scott

Ges i orchymyn i fod 'yn ffrindiau efo'r camera'

Profiad od, a deud y lleia, ond dwi'n meddwl mod i'n dad-siglo'n ara bach.

Dwi'n cael trafferth credu bod y cwbl wedi digwydd rŵan. Mae'r cyfan fel breuddwyd. Dwi wedi gweld mwy nag y gwnes i 'rioed ddychmygu y byddwn i'n ei weld yn fy myw, ac mae'r daith hon wedi bod yn debycach i wyliau na gwaith – er mod i wedi cario'r treipod 'na, bobol bach. Mi glywodd rhywun un o'r cwsmeriaid eraill yn deud: 'I had a chat with that TV man, Richard, today; he's such a nice man. And his assistant is so helpful . . . ' Hmm.

Gawson ni swper Rwsiaidd ar y noson olaf, efo siampên, cafiâr a bob dim, a digon o hwyl yn y bar wedyn. Mi fydda i'n gweld colli'r ffrindiau dwi wedi eu gwneud yma. Aeth criw ohonon ni am swper ger yr harbwr neithiwr, a gwylio'r *Kapitan* yn hwylio efo criw newydd o bobl yn ôl am y rhew. Roedd o'n brofiad reit emosiynol, ac mi fyddai pob un wan jac ohonon ni wedi neidio'n ôl ar y llong yn syth – tase ganddon ni'r pres a'r amser.

Ond doedd gan Rich a finna mo'r rheiny. Rydan ni'n hedfan i Seland Newydd amser cinio, lle mae dau aelod arall o'r tîm yn aros amdanon ni. Diolch byth. Rhywun arall i gario'r blydi treipod.

seland newydd

ynys y gogledd

(Dydi'r llinell ddim yn mynd trwy Ynys y De.)

9 Chwefror

Roedd ein awyren i Wellington yn hwyr, felly roedd hi'n hwyr iawn arnon ni'n cyrraedd y gwesty ar ôl arwyddo am y ceir roedd Jonathan a Sian Thomas, yr ymchwilydd, wedi eu llogi. Roedd hi wedi dau y bore arna i'n cyrraedd fy ngwely, ac ro'n i'n gorfod codi am 6.45 er mwyn bod ar gamera yn y dre am 8.00. Lladdfa, ond dyna fo, yma i weithio ydan ni.

Mae Wellington yn ddinas braf iawn, ac er mai dyma brifddinas Seland Newydd, mae hi dipyn llai nag Auckland. Ond roedd yr holl geir a sŵn a phobl yn dal yn sioc i'r system ar ôl tawelwch yr Antarctig. Wedi trip bach ar y car cêbl i dop y ddinas, aethon ni draw i fragdy'r Wellington Brewery Company, lle ges i flasu'r gwahanol fathau o gwrw sydd ag enwau od fel 'Sultry Dark', 'Wicked Blonde' a 'Verboten Vice'. Roedden ni newydd archebu cinio pan welais i wyneb oedd yn edrych yn gyfarwydd: Garffild Lloyd Lewis, myn coblyn! – hogyn o'r Traws sy'n gweithio i'r BBC ym Mangor rŵan. Mae o yma ar ei wyliau efo'r teulu ac yn digwydd bod ar y ffordd i weld rhywun arall dwi'n ei nabod, sef Geraint Taihirion, Ynys Môn, sydd wedi symud yma i fyw ers tro. Ond does gen i'm amser i fynd i'w weld o, yn anffodus. Mae'n amserlen ni'n llawn, was bach.

Heno, mi fuon ni'n ffilmio mewn tŷ bwyta Maori, 'Kai in the bay', lle maen nhw'n arbenigo mewn bwydydd lleol fel llysiau mewn dail banana, tiwna mawr ffres, a

114

bwyd môr a deiliach oedd yn gwbl ddiarth i mi. Roedd pobl y lle yn hyfryd o gyfeillgar, ac mi wnes i fwynhau'r bwyd, ar wahân i un peth, sy'n *delicacy* yn eu hôl nhw: chwarennau rhyw fôr-ddraenog (*sea urchin*). Rŵan, mi wna i fwyta unrhyw beth, a dwi'n mwynhau bob dim, ar wahân i ffa pob – a chawl stumog gafr ges i yn Nigeria ryw dro. Ond roedd hwn yn erchyll, y blas gwaetha ges i yn fy myw. Roedd o mor afiach, mae'n amhosib ei ddisgrifio. Mi wnaethon nhw gyfadde ei fod o'n well yn syth o'r môr, ac roedd hwn wedi bod yn sefyllian am sbel, felly mae'n bosib bod ei flas o'n gryfach nag arfer. Ond dyna i chi un blas nad ydw i isio'i brofi eto – byth.

Ond mae'n lle da iawn am flas o iaith a thraddodiad y Maori. Roedd ganddyn nhw lyfrynnau bychain i'n helpu i ddysgu Maori, ac roedd geiriau'r gân 'Pokarekare ana' ar y fwydlen:

Pokarekare ana	(Maen nhw wedi cynhyrfu)
Nga wai o Waiapu	(dyfroedd Waiapu)
Whiti atu koe e hine	(croesa draw ferch)
Marino ana e	(mae'n ddigon llonydd)
E hine e	(fy nghariad)
Hoki mai ra	(tyrd yn ôl ataf fi)
Ka mate ahau	(neu mi fyddaf farw)
I te aroha e.	(o gariad atat ti)

Reit, gwely. Gorfod symud mlaen am 7.30 bore fory.

12 Chwefror

Rydan ni wedi bod yn Wanganui ers tridiau, a braf iawn oedd hynny hefyd, nid yn unig yn gyfle i olchi dillad, ond yn gyfle i ddod i nabod rhywle'n eitha da, a hyd yma, dwi wedi mhlesio'n arw efo'r wlad 'ma a'i phobl. Mae Dad wedi bod yma ddwywaith efo Côr Godre'r Aran, mi fu fy mrawd yn teithio a gweithio yma am flwyddyn neu ddwy ar ôl coleg, ac mae gen i griw o ffrindiau sydd wedi bod yma ar wyliau. Roedden nhw i gyd wedi deud: 'Bethan, mi fyddi di wrth dy fodd yn Seland Newydd.' Ac wrth gwrs, roedden nhw'n llygad eu lle; dwi wedi gwirioni, a dim ond y mymryn lleia o'r wlad dwi wedi'i weld, a hynny ar wib. Dwi'm yn siŵr be'n union ydi'r apêl, ond mae 'na rywbeth yn hynod gartrefol am y lle. Oes, mae 'na ddarnau sy'n debyg iawn i Gymru, ond mae'n fwy na dim ond y tirwedd. Y bobl, a'u ffordd o fyw a'u hagwedd at fywyd ydi o, dwi'n meddwl. Maen nhw i gyd (wel, bron) allan yn mwynhau eu hunain yn yr awyr iach hynny fedran nhw, a chydig iawn o slobs caeth i'r soffa sydd yma hyd y gwela i. Maen nhw'n gweithio'n galed a chwarae'n galed, ac maen nhw'n gneud pethau yn lle tin-droi.

Enghraifft berffaith o hynny ydi'r Masters Games, sef cystadleuaeth chwaraeon ar gyfer pobol sydd wedi aeddfedu chydig, rhyw fath o Olympics hwyliog i bobl hŷn; mae'n para wythnos ac mae 'na ddau gategori: dros 30 a thros 50. Rŵan, dwi'n gobeithio y bydd 'na rywun o Gyngor Chwaraeon Cymru'n darllen hwn, achos mae 'na wersi i'w dysgu yn Seland Newydd: os nad ydach chi wedi gwneud hyn yn barod, CChC, gyrrwch rywun pwysig draw i weld sut mae pethau'n gweithio yma. Mae 'na reswm pam fod gwlad efo poblogaeth lai na Chymru'n llwyddo cystal ym myd chwaraeon. Iawn, maen nhw'n cael tywydd gwell na ni, sy'n bendant yn help, ond mae hanner y chwaraeon yma'n cael eu cynnal dan do. Mae 'na drefn yma, ac adnoddau bendigedig. Rhyw 40,000 sy'n byw yn Wanganui, felly mae'n llai na Wrecsam, Merthyr a Llanelli. Ond mae 'na bob dim yma. Popeth o glybiau *croquet*, rhwyfo, hwylio a saethu i drac athletau, felodrom, a stadiwm ar gyfer pob gêm allwch chi feddwl amdani. Felly mae 'na bres mawr wedi cael ac yn dal i gael ei fuddsoddi mewn chwaraeon – dros y wlad, nid jest yn y prif ddinasoedd. Ond mae 'na fwy iddi na hynny hefyd: mae 'na gant-a-mil o wirfoddolwyr wrthi'n helpu pobl ifanc i feithrin eu sgiliau. Gwirfoddolwyr, sylwch, nid pobl sy'n cael eu talu – gwirfoddolwyr sy'n awyddus i gynnal y safonau a fu. Ydi, mae o'n debyg i'r Urdd o ran y gwirfoddoli, ond cenedl o adroddwrs ydan ni, hyd y gwela i. Mae ganddon ni hen ddigon o bobl all hyfforddi sut i adrodd – sori, llefaru – ond ble mae'n hyfforddwyr chwaraeon ni? Heb gael y cyfle i ddysgu unrhyw sgìl athletaidd yn eu hieuenctid, beryg – ar wahân i bêl-droed a rygbi, ella. Bobol, dan ni ar ei hôl hi.

Ac rydan ni'n tueddu i roi'r gorau iddi ar ôl pasio 35 oed, tydan? Roedd 'na bobl dros 70 ac 80 yn cymryd rhan yn y chwaraeon yn Wanganui. Roedd 'na ddynes 58 yn chwarae pêl-rwyd (yn rheolaidd, gyda llaw) a dynion yn eu chwedegau hwyr yn chwarae rygbi a thorri coed efo bwyell, a dyn 79 yn sgio dŵr, sef Don Williams, ffarmwr o Hikurangi ger Whangarei. Mae o'n sgio er 1947, pan adeiladodd ei gwch *plywood* ei hun, ac yn dal i allu gwneud triciau fel troi 180 a 360 gradd yn yr awyr.

Roedd 'na 8,000 yn cystadlu ar 67 o chwaraeon gwahanol, ac roedden nhw i gyd yn mwynhau eu hunain gyda'r nos wedyn hefyd – dynion a merched yn dawnsio o ddifri! Iawn, roedd 'na ambell un braidd yn stiff, fel y boi mawr boliog oedd wedi cael gêm sboncen barodd awr a hanner – a cholli. 'But the other fat fella was happy to win, I can tell you.'

Mae'n debyg mod i wedi dod o hyd i'r gamp berffaith ar gyfer rhywun efo coesau solat – fel fi. *Pedal shearing* ydi'i enw o, ac fel hyn mae'n gweithio: mae 'na rywun wedi creu peiriant cneifio sy'n cael ei yrru gan feic. Mae'r beic wedi ei osod i neud i chi deimlo fel tasech chi'n pedlo i fyny ochr mynydd (serth) a'r gamp ydi pedlo fel peth gwirion yn ddigon caled i yrru'r peiriant cneifio, yn ddigon hir i gneifiwr gneifio dafad. Dal efo fi? Wel, roedd y criw wedi rhoi fy enw i mewn i'r gystadleuaeth dros 30, a do'n i'm yn poeni gormod am y peth achos mae'r bois 'ma'n gallu cneifio dafad yn o handi y dyddie yma. Ond pan welais i'r bobl o mlaen i yn diodde a chwysu a gwingo ar ôl rhyw 20 eiliad – a'u coese'n troi'n blymonj wrth iddyn nhw ddringo oddi ar y beic, ro'n i'n swp sâl. Oedd gêrs y beic wedi'u gosod yn anhygoel o stiff neu rwbath? 'Paid â phoeni,' meddai Dawson, fy nghneifiwr, 'fyddi di'n iawn efo'r coesa mawr 'na sgin ti'. (*Charming.*) 'Just keep it steady, don't go off like a rocket if you can't keep it up.' Wel doedd gen i'm clem pa sbîd i ddechrau arni, nagoedd? Be wyddwn i pa mor hir allwn i ddal ati? Toeddwn i wedi bod ar fy mhen-ôl ar long ers wythnosau? Ro'n i isio mynd adre!

Ond fe ddaeth fy nhro i. Dringo ar ben y platfform o flaen cannoedd o bobol. 'On your marks . . . ' ac i ffwrdd â fi. A diaw, doedd o'm yn ddrwg. A deud y gwir, roedd o reit hawdd. Ro'n i'n gallu mynd fel dwn-im-be. Mae'n rhaid bod beicio i Lanfachreth bob hyn a hyn wedi gneud lles i'r cluniau, neu roedd jest clywed 'On your marks' am y tro cynta ers blynyddoedd wedi rhoi anferth o chwistrelliad o adrenalin i mi. A myn coblyn, roedden ni ar y blaen! Y ddafad wedi ei chneifio mewn 27 eiliad! Oedd, roedd Dawson yn chwip o gneifiwr, ond roedd 'na ddau yn y tîm (tri, os dach chi'n cyfri'r ddafad). Ac felly fu hi am hir, un dyn mawr cry ar ôl y llall yn dod i fyny i drio curo'r 'Welsh lady' – a methu. Ro'n i wedi cynhyrfu'n rhacs. Nes i ryw homar o foi oedd newydd dorri record rhwyfo dan-do Seland Newydd ddringo ar y platfform. Mi gurodd ni o un eiliad, y crinc. Felly yr ail wobr gafodd Dawson a fi. Mi gafodd o fedal arian ac mi ges i fest cneifio. Dwi wedi'i thrio hi, a tydi fests cneifio ddim wedi eu gneud ar gyfer merched fel fi. Presant arall i Dad.

Y noson honno, ro'n i newydd ddod yn ôl o'r seibr-caffi, a dyma fi'n cnocio ar ddrws y bois i holi pryd roedden ni'n mynd am swper. 'Ti ar y teli NAWR!' gwaeddodd Rich. 'Y? Be ti'n fwydro?' meddwn yn hurt. 'Ar y newyddion cenedlaethol – unrhyw funud!' meddai Rich. Roedd ein harweinydd yn Wanganui, Hywel Davies o Gwmllynfell yn wreiddiol, newydd ffonio i ddweud eu bod nhw wedi rhoi trêl i mi ar ddechrau'r rhaglen. Felly dyma eistedd i wylio, a phoeni. Ac yn sydyn, dyma fy wyneb chwyslyd i ar y sgrin. Roedd o'n ddarn mawr, hir: 'the Welsh girl who showed up the Kiwis . . .' Dyma Marian, fy ffrind o'r *Kapitan Khlebnikov* yn fy ffonio o Auckland – roedd hi a'i mam a'i ffrindiau wedi fy ngweld i ac wedi gwirioni. Felly mae fy nghluniau'n enwog yn Seland Newydd, myn coblyn, a'r diwrnod wedyn, roedd pobol yn fy nabod yn y stryd. 'You're the girl on the bike!' 'Girl', sylwch, nid 'woman'. Dwi'n licio Seland Newydd.

Drannoeth, mi fuon ni'n ffilmio yn y Royal Opera House efo Hywel, gan ei fod o'n un o'r criw o wirfoddolwyr achubodd y lle rhag gorfod cau 'nôl yn 1989. Tra o'n i'n pori drwy hen bosteri yn y cefn, be ddois i o hyd iddo ond poster o Gôr Godre'r Aran a llun bach del o 'nhad yn edrych dipyn iau na mae o rŵan.

Trip ar *paddle steamer* o'r enw *Waimarie* wedyn, sef hen gwch fu'n pydru yn y llaid am ddeugain mlynedd nes i griw ei hatgyfodi ar gyfer dathlu'r mileniwm. Ges i wers gan y capten mod i fod i roi pwyslais ar yr 'e' olaf os am ei ynganu yn y dull Maori. Felly dyma fi'n ei ynganu fel yr 'e' Gymraeg. Naci, meddai'r boi, 'e as in egg.' Sy'n 'e' Gymraeg i chi a fi wrth gwrs, ond mae 'egg' y Kiwis yn swnio'n debycach i 'igg'. Ro'n i wedi meddwl bod 'na *typo* yn y llyfr dysgu Maori ges i yn Wellington. Mae'n deud yn blaen yn fanno y dylid ynganu 'a' fel yr 'a' yn 'putt'. Ond does 'na'm 'a' yn 'putt', meddwn. Ond yn Seland Newydd, oes. Ydi, mae'n ddigon i ddrysu rhywun.

14 Chwefror

Cyrraedd Rotorua ddoe, sef y dref mwya twristaidd yn
Ynys y Gogledd, ac mae 'na ddau reswm am hynny: yn
gyntaf, mae 'na bethau rhyfedd yn digwydd dan ddaear
yma, felly mae'n llawn o byllau llaid a ffynhonnau poeth
a *geysers* ac ati – ac mae 'na arogl wyau drwg yma'n aml.
Fe ddechreuodd y lle gael ei ddatblygu'n ganolfan ar gyfer
ymwelwyr am fod pobl yn heidio yma yn y gred y
byddai'r dyfroedd berwedig yn gwneud lles iddyn nhw.
Yn ail, mae 'na nifer fawr o bobl Maori'n byw yma, ac os
ydach chi isio blas o'u diwylliant nhw, dyma'r lle i ddod.
Mae'r Maori wedi'i dallt hi: sut i gadw eu traddodiadau
a'u diwylliant i fynd a gwneud pres allan o'r peth yr un
pryd, heb golli eu hunan-barch na'u hurddas – na'u
hiwmor.

Mi fuon ni mewn *hangi* neithiwr, sef pryd o fwyd
traddodiadol sy'n cael ei goginio yn y ddaear, ac ar gyfer
y twristiaid mae 'na gyngerdd efo fo, yn ganu a *haka* ac
ati i gyd. *Marae* bach teuluol fuon ni ynddo fo, mewn
llecyn delfrydol ar lan llyn Rotoiti, llecyn oedd mor
gyfrinachol ac ecsgliwsif fel y buon ni am oes yn trio dod
o hyd i'r bali lle. Ond iechyd, gawson ni hwyl yno, a
gwefr. Maen nhw'n gallu canu, y Maori 'ma. Yn anffodus,
maen nhw'n disgwyl i bob Cymro allu canu hefyd, ac
maen nhw wedi arfer efo blincin corau meibion yn
canu'n ôl iddyn nhw, tydyn? (Do, bu Côr Godre'r Aran yn
fan'ma hefyd.) Mi lwyddais i i stwffio'n hun i ganol dwsin
o Sbaenwyr, a phan ddoth yr alwad i bob grŵp oedd yno
ganu i gyfarch y Maori, mi benderfynon nhw ganu 'La
Bamba'. Dwi'n gwybod geiriau honna, ac mi godais ar fy
nhraed efo nhw'n syth. Mi fyddai gorfod canu rhywbeth
ar fy mhen fy hun wedi bod yn artaith i bawb ac yn
embaras i'm gwlad, a nagoedd, doedd y criw ffilmio oedd

efo fi yn ddim help. Weithiau, mi fyddai'n braf gallu bod yn Shân Cothi.

Crwydro o gwmpas gwahanol adeiladau Maori eraill fuon ni bore 'ma, fel yr eglwys hyfryd yn Ohinemutu, sydd â ffenest yn dangos Iesu Grist mewn clogyn Maori, wedi ei osod fel ei bod hi'n edrych fel tase fo'n cerdded ar ddŵr Llyn Rotorua. Mae'r 'Tama-te-Kapua', math o neuadd bentref/tŷ cyfarfod yn werth ei weld hefyd, gan fod 'na gerfiadau pren bendigedig oddi mewn ac allan. Prynu chydig o greiriau yn yr 'Arts and Crafts Institute', yna i dref glan môr Mount Maunganui. Mae'r traeth yn fan'no'n hyfryd o wyn, a'r tonnau'n berffaith ar gyfer syrffio. Ond dim ond eistedd ar y tywod am ryw bum munud wnaethon ni. Roedden ni i fod yn 'Blokart Heaven' yn Papamoa erbyn 14.30.

Camp newydd sbon ydi 'blocartio' ac mae'n debyg i *land-yachting* ond yn well. Adeiladwr oedd Paul Beckett, oedd yn mwynhau hwylio a hwylfyrddio ac ati efo'i fab, ac mi fyddai'r ddau'n cael hwyl hefyd yn rhoi peiriannau bach at ei gilydd, rhyw lun o go-carts. Beth bynnag, mi ddyluniodd Paul rywbeth bach ysgafn, syml sy'n groes rhwng go-cart a chwch hwylio bychan. Dach chi'n gorwedd yn ôl fel tasech chi ar wely, bron, ac yn rheoli'r blo-cart efo'ch dwylo a rhaff yn union fel tasech chi'n hwylio. A bobol bach, pan dach chi'n dal y gwynt, dach chi'n hedfan. Ac mae'r cwbl yn ffitio i mewn i fag sy'n gallu ffitio yn mŵt y car. Mae Paul Beckett wedi rhoi'r gorau i adeiladu bellach ac mae ganddo weithdy bychan sydd wrthi fel fflamia'n creu cannoedd o blo-carts, sy'n cael eu gwerthu dros y byd, ac mae 'na glybiau blo-cartio'n codi fel madarch ymhobman. Mi ges i wers ganddo fo, a choblyn o hwyl yn mynd rownd a rownd y trac tarmac pwrpasol efo llwyth o nytars eraill. Dwi'm wedi chwerthin a sgrechian fel'na erstalwm iawn. Mi wnes i gymryd at Paul yn arw hefyd – dyn gweithgar, gytsi sy'n fodlon cymryd risg.

Gwely cynnar heno. Angen bod ar y ffordd erbyn 06.45 er mwyn cyrraedd Whakatane erbyn wyth.

15 Chwefror

Diwrnod bendigedig o braf, ac am 8.20 ar y dot roedden ni ar y cwch hyfryd, 73 troedfedd oedd yn mynd â ni i'r Ynys Wen (dwi'n cymryd mai dyna ydi White Island). Llosgfynydd ydi'r ynys, ac wedi 80 munud o fomio drwy'r tonnau, roedden ni yno, ar losgfynydd go iawn – un byw, sy'n dal i ffrwtian. Roedd o'n brofiad a hanner, cerdded o gwmpas ynys sy'n edrych yn union fel wyneb y lleuad. Does 'na'm byd yn tyfu yno, ond mae'n lliwgar oherwydd y carpedi o grisialau sylffyr melyn a gwyn, ac mae'n edrych fel rhywbeth allan o raglen *Dr Who* efo'r holl glogwyni a cheudyllau a chraciau sy'n gollwng stêm a'r rheiny'n hisian a phoeri ar hyd y lle. Ond mae'n drewi, was bach, ac ro'n i'n falch iawn o'r masgiau pwrpasol gawson ni – yn enwedig pan o'n i ar ganol gwneud darn i gamera wrth ymyl un twll go fawr. Mi ddechreuodd y stêm hisian a ffrwtian, yna ffrwydro jest fel roedd y gwynt yn troi, fel mod i – a Rich a'r camera – wedi cael ein llyncu gan gwmwl mawr o stêm trwchus, drewllyd tu hwnt.

Mae 'na lyn yn y twll yn y canol ers blwyddyn neu ddwy, ac er ei fod o'n edrych yn lliw glas hyfryd i nofio ynddo, dydi'r tymheredd ddim ond fymryn o dan y pwynt berwi ac mae lefel y pH mor isel, mae o fel asid batri car; felly taswn i wedi disgyn i mewn, fyddai 'na'm hyd yn oed esgyrn ar ôl ohona i.

Mi wnes i wir fwynhau crwydro'r ynys, mae 'na awyrgylch ryfedd yno, ac mae'r posibiliadau ar gyfer lluniau bendigedig yn ddi-ben-draw. Ond cofiwch fynd â sgidiau efo gwaden reit dda – mae'r gwres yn codi o'r ddaear o ddifri.

Capten Cook roddodd yr enw 'White Island' arni oherwydd y cymylau o stêm trwchus o'i chwmpas, a rhwng canol y 19fed ganrif a dechrau'r 20fed, mi fu gwahanol bobl yn byw a gweithio yno yn casglu'r sylffyr. Ond gan fod gan yr ynys dueddiad anffodus i ffrwydro a chreu afonydd o fwd ac ati, bu farw sawl un, ac er 1953 mae'r lle'n warchodfa breifat.

Peter a Jenny Tait sydd yng ngofal yr ynys bellach; roedden nhw'n arfer bod yn ffermwyr. 'Ond gawson ni lond bol o gael ein trin fel baw.' Felly dyma'r ddau yn gwerthu'r ffarm a chanolbwyntio ar eu hobi, sef pysgota, a phrynu cwch, ac yna cwch arall, nes roedden nhw'n teimlo'n ddigon ffyddiog i godi gwesty a threfnu teithiau i'r ynys i bobl o bedwar ban byd. Bellach, wedi blynyddoedd o waith caled, maen nhw'n cael teithio'r byd eu hunain, ac yn cyflogi dros 30 yn llawn amser. Enghraifft arall o Kiwis sy'n fodlon mentro a chwysu.

16 Chwefror

Wai-o-Tapu Thermal Wonderland bore 'ma, lle fuon ni'n brysio o gwmpas fel pethau gwirion yn trio ffilmio bob dim, y llynnoedd a'r tyllau geothermal sy'n berwi a ffrwtian a stemio i gyd, cyn i *geyser* Lady Knox chwythu am 10.15. Ro'n i'n synnu ei bod hi'n chwythu mor gyson ar y dot fel'na bob dydd. Ia, ond maen nhw'n rhoi rhyw fath o sebon ynddi am 10.14, dach chi'n gweld, a dyna sy'n gwneud iddi ffrwydro hyd at 30 metr i'r awyr. Mi driodd y boi oedd yn gwneud y *spiel* ddeud mai carcharion yn trio golchi eu dillad ddarganfyddodd erstalwm bod sebon yn gneud i'r stwff chwythu, ond mae'n anodd coelio unrhyw beth mae unrhyw un yn ei ddeud yn y wlad yma. Ro'n i wedi gofyn i'n tywysydd be oedd y twr anferthol welwn i'n stemio yn y pellter. 'O,' medda fo, 'oherwydd y problemau sydd gynnon ni'n fan'ma efo'r twll yn yr haen Osôn [bla bla a mwy o stwff gwyddonol nad o'n i'n ei ddeall], rydan ni'n arbrofi efo gneud cymylau. A dyna mae'r twr yna'n ei neud.' Y?! Wyddoch chi pan dach chi'n *gwbod* bod rhywun yn eu palu nhw, ond yn sbio ar eu hwynebau nhw ac yn gweld dim arlliw o wên ddrwg na sglein yn y llygaid? Ro'n i wedi dechrau ei gredu o! Oes, mae gen i gywilydd, ond nid dyna'r Kiwi cynta o bell ffordd i nghael i fel'na. Ew, maen nhw'n rhai drwg. Ond dwi'n licio nhw.

Ar ôl brechdan sydyn yn y car, mi fues i'n rafftio ar afon Kaituna, a rafftio go iawn, nid y rafftio babi-mamis wnes i yng Nghanada. Mae'r Kaituna'n afon Gradd 5, efo rhaeadr 7 metr o uchder yn ei chanol, a do, mi fu Jonathan a minnau i lawr fan'no. Roedd padlo at y rhaeadr yn brofiad ynddo'i hun. Dach chi'n gallu gweld y pwll ymhell, bell oddi tanoch chi, a chlywed y rhuo, a dach chi'n dynesu at y dibyn, a does 'na'm troi'n ôl . . . ac mae'r geid yn gweiddi 'Get down!' a dach chi'n gwasgu'ch hun i waelod y rafft a gafael yn sownd, was bach. Roedd rhai o'r rafftiau eraill wedi troi drosodd, ond aethon ni drwyddi'n gwbl ddidrafferth. Ew, nes i fwynhau. Ddrwg iawn gen i, Dryweryn, ond dwyt ti'm patsh ar y Kaituna. Ac mae'r dwr yn gynhesach hefyd.

Dydd Sul, 20 Chwefror

Rydan ni wedi cyrraedd Auckland bellach, ac mae'r awyr yn las a digwmwl eto. Dwi'n eistedd allan yn yr haul rwan, wedi cael brecwast, yn sychu ngwallt a nillad yr un pryd. Dwi wedi rhoi peth o nillad yn y 'bag londri' ond dwi wedi golchi'r gweddill fy hun achos alla i jest ddim gadael i neb dalu 2.65 doler drosta i am olchi pâr o sanau. A dim ond motel bach syml ydi hwn. Gas gen i feddwl faint fyddai o yn yr Hilton.

Rydan ni'n mynd i weld Cystadleuaeth Polo yn nes mlaen bore 'ma, a dydd Iau mi ges i wers polo fy hun gan foi o'r enw Cody Forsyth, un o enwau mawr y byd polo. Mi ges i fenthyg ceffyl o'r enw Queenie gan ddynes annwyl iawn o'r enw Fiona, a phan ddringodd Cody ar Queenie i ddangos sut mae gwneud, roedd Fiona wedi gwirioni ei phen. 'Wyt ti'n sylweddoli bod fy ngheffyl i newydd gael profiad tebyg i gysgu efo Brad Pitt?!' griddfanodd. 'Cody is God!' Ro'n i wedi sylwi ei fod o'n 'dashing' iawn ac yn edrych yn . . . ym . . . wel . . . anhygoel, a bod yn onest, yn ei drowsus gwyn tyn a'r bwtias pen-glin. A phan oedd o'n cyffwrdd ynof i ddangos sut oedd gafael yn y ddwy set o ffrwynau ac ati, roedd 'na rwbath mawr yn digwydd. 'Mae 'na rywun yn nerfus yma,' gwenodd Cody. 'Ti ta'r ceffyl sy'n crynu?' Ha . . . ym . . . Ro'n i'n ofnadwy o flin efo fi'n hun am fod mor nerfus. Ches i ddim trafferth ar y ceffyl yn Sbaen, ond roedd trio neidio ar gefn hwn o flaen Cody yn artaith.

Beth bynnag, mae Cody wedi ymddeol o fod yn chwaraewr polo proffesiynol rŵan, ac ar ôl ugain mlynedd yn Lloegr (do, mi fu'n chwarae droeon efo'r hen Charles), mae o a'r teulu wedi dod yn ôl i Seland Newydd, y lle gorau yn y byd i fagu plant medda fo. A heddiw, mi fyddan ni'n ei weld o'n cystadlu go iawn. Mi welson ni gêm echdoe hefyd. Iechyd, mae'n gêm beryg, rŷff. Ac er bod delwedd y gêm yn dal yn elitaidd, tydi hi ddim yn elitaidd yn Seland Newydd, meddan nhw. Roedd 'na dîm o ffermwyr defaid yno. Tydi prynu a chadw ceffyl ddim yn joban ddrud yma, gan fod 'na gymaint ohonyn nhw ar hyd y lle, ac mi ges i mhlesio'n fawr o weld y bobl oedd wedi dod i wylio'r rowndiau rhagbrofol – pobl normal fel chi a fi, a do'n i ddim yn teimlo allan ohoni o bell ffordd. Ond mi fydd heddiw'n achlysur gwisgo i fyny'n smart. Mae'n bosib y bydda i isio cuddio, achos mae'r unig ddillad smart sydd gen i yn rai duon, melfed, trwchus. Dwi 'mond newydd ddod o'r Antarctig, be dach chi'n ddisgwyl? Ac mae'r bwyd mor dda yma, dwi'n pesgi braidd, ac os na watsia i, fydda i ddim yn ffitio i nillad o gwbl. Do'n i ddim yn gallu ffitio nghoesau i mewn i fwtsias merlota Fiona, beth bynnag. Coesau dryw sydd gan ferched sy'n merlota bob amser, ac mae fy rhai i yn fwy o goesau buwch. Roedd Queenie'n amyneddgar iawn efo fi, ond rargol, dim ond y cyffyrddiad lleia ac roedd hi'n troi ar ei hunion. Mae ceffylau polo wedi eu hyfforddi i allu troi 360 gradd ar ddim, ond dwi ddim, felly doedd gen i fawr o awydd mynd yn rhy gyflym arni – roedd y ddaear braidd yn galed. Felly gwers fach sidêt iawn ges i, ond o leia ro'n i'n gallu taro'r bêl. Roedd hynny'n gwneud i mi deimlo'n well.

Ro'n i'n ffyddiog y byddwn i'n cael llawer gwell hwyl ar bethau ddoe, yng nghystadleuaeth bysgota Maraetai. Cystadleuaeth ar gyfer merched oedd hon, a dwi wedi pysgota o'r blaen – yn Llyn Baikal, Siberia – yn llwyddiannus iawn, os ga i ddeud. Ond mae'n rhaid bod pysgod Siberia'n fwy llywaeth na rhai Seland Newydd. Mi fues i wrthi drwy'r dydd efo Anita, Rhonda, Kath ac Allie ei merch 12 oed, ac er eu bod nhw i gyd yn dal un *snapper* ar ôl y llall, ddalies i uffar o ddim byd. Bwydo'r blydi pysgod o'n i. Ges i un brathiad mawr nes bod y wialen bron yn ei hanner, a dyma fi'n cynhyrfu'n rhacs, dechrau ei rîlio i mewn – a'i golli, a dyna fo. Dwi'n siŵr mai siarc oedd o. Roedd Murray Douglas, perchennog y cwch, yn tywallt bybli i ni'n eitha cyson, felly bosib bod hynny wedi effeithio ar fy ngallu i deimlo plwc ar fy ngwialen. Roedd fy mhen i fel bwced yn y noson

wobrwyo wedyn, beth bynnag. O leia nes i ennill y raffl –
het a theclyn dal goriadau. Rois i nhw i Murray. Ond
gawson ni flasu un o'r *snappers* ffres i swper, ac roedd o'n
fendigedig. Does 'na'm byd tebyg i flas pysgodyn sy'n
ffres o'r môr fel'na.

Mi wnes i fwynhau cwmni'r genod hefyd. Roedd
Allie'n cytuno efo Cody ei bod hi'n hyfryd bod yn blentyn
yma a dydi hi a'i ffrindia byth yn 'bored'. Mae 'na wastad
gêm i'w chwarae, coeden i'w dringo ac ogof i'w
harchwilio. Dim sôn am deledu na *Playstation*, sylwer.
Ond sôn am chwarae gêm, gwell i mi ddechrau cael fy
hun yn barod at y Polo Open 'ma. A chwilio am rywbeth
addas i'w wisgo.

Nos Sul

Doedd y polo'n fawr o beth. Wel, efallai ei fod o i rywun
sy'n dallt polo, ond doedd 'na'm gymaint â hynny o bobl
yno ac roedd rheiny'n cadw i'w 'clics' eu hunain – heblaw
am ddau newyddiadurwr oedd ar yr un bwrdd â ni.
Roedden nhw'n synnu ein bod ni'n aros mewn motel;
pam nad oedden ni yn yr Hilton? Ylwch, Teledu Telesgop
ydan ni, nid Discovery. Ac mi fuon ni'n ffilmio yn yr
Hilton ddydd Gwener, a chyfarfod Penny, 'the blonde in
black' oedd yn delio efo'r wasg, sbiodd arnon ni am eiliad
a throi ei thrwyn. Jadan. Mi gerddodd efo ni ar y balconi
am ddau funud ac yna rhewi jest cyn cyrraedd yr haul.
Be wyt ti, meddyliais – *vampire*? Beth bynnag, gei di
stwffio'r Hilton, hen le di-enaid, ffals. Dyro'r motel i mi
unrhyw adeg.

O ia, ges i drychineb yn y polo. Roedd 'na botel ddŵr
gyfan wedi gwagu yn fy mag i, ac wedi gwlychu bob dim,
yn cynnwys fy llyfr nodiadau *moleskin*, fel bod nodiadau'r
Antarctig yn slwtsh glas, ac roedd fy nghamera i'n wlyb

domen ac yn gwrthod gweithio. Mae'n dal i wrthod gweithio. Cha i ddim mwy o luniau o Seland Newydd, felly.

21 Chwefror

Y diwrnod olaf o ffilmio yn Seland Newydd. Dim ond un darn oedd ar ôl i'w wneud, a ffarwelio efo'r wlad o ganol llwyth o huganod (neu wylanwyddau neu fulfrain llwydion neu wynion neu wyddau'r weilgi – mae 'na gant-a-mil o enwau Cymraeg arnyn nhw, ond *gannets* ydyn nhw'n Saesneg) oedd hynny. Aeth Richard, Sian a finnau i fyny am y gogledd i Barc Muriwai i chwilio amdanyn nhw, ac aeth Jonathan i golffio, y diawl bach. Doedd gen i fawr o amynedd efo'r huganod a bod yn onest, ond mae Richard yn meddwl y byd ohonyn nhw, a fo ydi'r bòs. Ta waeth, erbyn i ni gyrraedd hafan Takupu, doedd 'na ddim llawer yno. Mae'r rhan fwya wedi hen hedfan am Awstralia ddeudwn i, ond ew, am le braf. Roedd yr awyr yn las, yr haul yn tywynnu, y traethau'n wirioneddol fendigedig, a'r tonnau'n wych ar gyfer syrffio. Ond wnaethon ni'm hyd yn oed mynd am badl. Dim amser.

Aethon ni ar y fferi i Ynys Waiheke i weld Delyth Morgan gyda'r nos; ia, y Delyth oedd ar *Dinas* erstalwm, fu'n gweithio efo'r BBC yn fwy diweddar. Daeth hi yma ar ei gwyliau llynedd a gweld bod 'na swydd yn mynd efo Sky Sports News. Mi roddodd gynnig arni i'r diawl, a'i chael, ac mae hi yma byth ers hynny. Mae ei chytundeb yn dod i ben fis Mehefin ac mae hi rhwng dau feddwl: mae hi'n mwynhau'r wlad a'r swydd yn arw, ond yn colli ei theulu a'i ffrindiau. Dallt yn iawn. Yr unig broblem efo Seland Newydd ydi'r ffaith ei fod o mor bell o Gymru, neu mi fyswn inna'n chwilio am waith yma'n syth. O ia, doedd hi'n gwybod dim ein bod ni'n dod i Auckland na ninnau'n gwybod ei bod hi yma. Gweld yr eitem am y cneifio ar gefn beic ar y teledu wnaeth hi a holi sut i gysylltu efo ni! Ydi, mae'r byd mor fach, ac erbyn cofio, pan roedden ni'n ffilmio o amgylch y ddinas, roedd 'na ferch o'r enw Tash Christie o 'Film Auckland' yn gofalu amdanon ni. Mi ddigwyddodd sôn bod ei ffrind gorau wedi priodi Cymro; newyddiadurwr. 'O? Be 'di'i enw o?' Guto Harri. Wel myn coblyn . . .

Mae'r lleill wedi mynd allan am swper, ond dwi wedi aros i mewn. Ia, diflas iawn, ond dwi ar ei hôl hi efo ngwaith sgwennu a golygu. Ond a bod yn onest, ro'n i angen llonydd hefyd. Dwi wedi arfer cymaint efo fy nghwmni fy hun, a bob hyn a hyn dwi ei angen o. Mae'n gyfle i aildanio'r batris a jest myfyrio.

Rydan ni'n gadael am Fiji am chwech bore fory ac mi fydda i braidd yn drist yn gadael y wlad hyfryd 'ma. Dwi am ddod yn ôl yn bendant, i weld mwy a dysgu mwy am y bobl. Dwi'n ymwybodol iawn mai dim ond un rhan o fywyd y Maori dwi wedi ei weld, a bod 'na broblemau cymdeithasol lu yma (gwŷr yn curo'u gwragedd, plant yn cael eu lladd yn y cartre; Maori ydi 15% o'r boblogaeth ond 50% o boblogaeth y carchardai, ac mae traean o fechgyn Maori yn gadael yr ysgol heb gymwysterau o'i gymharu â 13% o fechgyn gwyn). Ond prin fod y bwrdd twristiaeth am i ni ddangos y rheiny.

Dwi hefyd jest â drysu isio cerdded a gwersylla ym mynyddoedd Ynys y De ryw dro. Yn y bôn, mae angen llawer mwy na phythefnos i weld bob dim sydd yma. Ond dwi'm yn cwyno – dwi'n cael mynd i Fiji!

fiji

22 Chwefror

A rŵan dwi'n Nadi (ond 'Nandi' dach chi'n ei ddeud), ar Viti Levu, yr ynys fwya yn Fiji. Nid un ynys ydi Fiji, ond dros dri chant o rai bychain ynghanol y Môr Tawel, reit wrth ymyl y llinell ddyddio ryngwladol. Mi fu'n wladfa Brydeinig am dros gan mlynedd, nes iddyn nhw gael eu hannibyniaeth yn 1970. Dyna pam fod pawb yn gallu siarad Saesneg yno ac wedi mabwysiadu rygbi. Dwi wedi cymryd at y lle'n syth (ro'n i'n gwbod y byswn i) – a tydi Richard ddim (roedd o'n gwybod na fysa fo; fedar o'm diodde gwres). Roedd o'n berwi'n gorfod aros cyhyd i fynd drwy'r lle pasports, ond duwcs, roedd 'na dri boi mewn crysau lliwgar yn ein serenêdio drwy'r cyfan a doedd dim rhaid i ni aros am y bagiau, achos roedden nhw'n aros amdanon ni ers meitin. Gawson ni bob i gadwen o gregyn yr un gan y cwmni sy'n gofalu amdanon ni, ac i ffwrdd â ni i'r gwesty sy'n ddim ond 10 munud o'r maes awyr. Mae'n lle braf efo pwll nofio, ac roedd ganddon ni ddiwrnod rhydd, ond yn lle torheulo mi wnes i ddal tacsi i ganol y dre i drio cael trefn ar y camera a foddwyd. Roedd pawb yn glên iawn ac yn hynod barod i helpu – ond y farn am fy nghamera? Mae'n capŵt. Mi lwyddon nhw i ddatblygu 15 o'r lluniau oedd ynddo ond mae 'na farciau dŵr ar y rhan fwya. Dwi wedi prynu camera 'taflu i ffwrdd' sy'n dal dŵr a hufen haul ffactor 30, achos dwi'n mynd i snorclo fory. Rydan ni wedi dod o hyd i ddyn camera sy'n gallu ffilmio dan ddŵr. Edrych mlaen, was bach.

Cysgu am ddwyawr, yna swper, lle cafodd y mosgitos

wledd arna i. Damia nhw. Ches i'm un brathiad ym Mali
na Morocco ond dwi wedi cael saith fan hyn yn barod.

24 Chwefror

Mae dŵr môr Fiji mor gynnes, mae o fel bath, a hwnnw'n
glir fel grisial – ac mi ges i snorclo ynddo fo am fore
cyfan ddoe, wrth ymyl Ynys Beachcomber. Nid mewn
bicini chwaith, diolch yn fawr. Nid Amanda Protheroe
Thomas mohonof, felly mi wisgais i grys T a legings at fy
mhen-glin. A ph'un bynnag, roedd yr haul yn llosgi. Er
gwaetha'r holl ddillad a'r hufen haul ffactor 30, roedd
cefn fy nghoesau i'n binc erbyn y nos.

Roedd o'n waith caled hefyd; ro'n i'n gorfod mynd yn o
bell dan y dŵr ac aros yno am oes pys er mwyn i Toby, y
dyn camera, allu fy ffilmio'n iawn, ac roedd fy ysgyfaint
i'n sgrechian ar adegau. Mae'n rhaid bod ganddo fo
ysgyfaint anferthol, achos roedd o'n gallu aros lawr yn
llawer hirach na fi – ond aros yn llonydd roedd o, yndê,
nid gorfod plymio a gwneud acrobatics fel fi. Mi falodd fy
mwgwd ar ôl ugain munud, ac roedd y mwgwd newydd
yn lliw gwahanol, felly bu'n rhaid ail-wneud y darnau
cyntaf eto. Yyy . . . Ond pan oedden nhw'n hapus efo'r
stwff ffilmio, mi ges i snorclo wrth fy mhwysau, a
gwirioni'n bot. Os nad ydach chi wedi cael cyfle i snorclo
neu blymio *scuba* eto, rhowch gynnig arni yn o handi.
Mae gwylio cyfresi fel *The Blue Planet* yn rhoi syniad go
lew i chi, ond does 'na'm byd tebyg i brofi'r byd arall dan
y dŵr drosoch chi eich hun. Mae'r cwrel mor hudolus o
brydferth, yn lês cywrain melyn llachar, yn goediach
ymenyddaidd gwyrdd, yn ffans piws a phinc, a'r miloedd
o bysgod yn nofio reit o flaen eich trwyn chi, hyd yn oed
yn bwyta bara o'ch dwylo chi.

Roedd Toby'n foi difyr iawn: boi o New South Wales

symudodd yma i fyw rhyw flwyddyn a hanner yn ôl, a hynny ar ôl dod yma i weithio ac ar wyliau droeon. Ges i ffit bod ganddo fo dri o blant – dio'm yn edrych ddigon hen. Ond mae'n sicr yn ddyn busnes. Yn ogystal â'r gwaith ffilmio a chynhyrchu mae o'n datblygu pentre gwyliau yma efo adnoddau *scuba*. Ac mae o'n deud mai nofio efo siarcod Tiger ydi'r wefr fwya'n y byd. Mae 'na un 14 troedfedd o hyd allan yma'n rhywle, o'r enw Scarface, ac mae hwnnw'n hapus i gymryd bwyd o'ch llaw chi. Roedd 'na ddynes 70 oed o'r enw Valerie Taylor wedi mynd ar ei gefn o (fel petai) yn weddol ddiweddar, ond does 'na'm prawf o hynny gan fod dau o'r camerâu oedd yn ei ffilmio wedi boddi ac mi falodd y trydydd. Medda fo.

Mi wnes i holi rheolwyr yr ynys a oedd gan Beachcomber enw brodorol. Oes – Tai. Sy'n golygu 'yr ochr arall', ond mae o hefyd yn golygu 'taid'. Enw hyfryd, a dwi wir ddim yn deall pam fod raid ailfedyddio'r ynys er mwyn twristiaid. Mae unrhyw ffŵl yn gallu ynganu 'tai', siawns? Mi ofynnodd y rheolwr gwestiwn i mi wedyn, sef: 'Pam nad yw pobl o'r gwledydd Scandinafaidd byth yn llosgi?' Roedd o'n methu deall pam eu bod nhw i gyd yn mynd mor frown mor sydyn a nhwtha'n byw mor bell i'r gogledd, tra ein bod ni ym Mhrydain gymaint mwy i'r de ac yn mynd yn binc a choch. Dwi'm yn deall hynny chwaith.

Dwi wir wedi dotio at bobl Fiji. Mae pawb mor siriol ac annwyl, ac yn galw 'Bula' (helô) arnoch chi o bob cyfeiriad. Nid yr 'have a nice day' ffals Americanaidd mohono, chwaith; mae'n rhan o'u natur nhw i fod yn gyfeillgar. Ond roedden nhw'n bwyta pobol yma hyd at ganol y 19eg ganrif. Bwyta cyrff eu gelynion fydden nhw, am mai dyna'r ffordd o ddial arnyn nhw go iawn. Mi fydden nhw'n eu harteithio hefyd, weithiau, drwy eu taflu'n fyw i bopty, neu eu torri'n ddarnau cyn eu lladd;

mi fydden nhw hyd yn oed yn gorfodi'r creaduriaid anffodus i wylio darnau ohonyn nhw eu hunain yn cael eu sglaffio, a gwaeth fyth, yn gorfod bwyta peth o'r cnawd eu hunain.

Ro'n i wedi hanner disgwyl iddyn nhw sgubo'r hanesion hynny dan y carped, ond ddim o gwbl. Mae'r ffyrc mawr, milain a ddefnyddid yn arbennig ar gyfer bwyta cnawd dynol yn cael eu harddangos gyda balchder yn y siopau swfenîrs.

Fel cyn-athrawes, mi fydda i wrth fy modd yn gweld ysgolion mewn gwledydd tramor, ac mi ges fy nymuniad yma bore 'ma. Mi gawson ni fynd i ysgol i blant rhwng 6 a 13 oed, ysgol gymysg go iawn, efo plant Fijiaidd ac Indo-Fijiaidd, a phob crefydd dan haul, o'r Methodistiaid i'r Moslemiaid a'r Hindwiaid. Tra oedden ni'n aros am awr (mae 'na ffasiwn beth â 'Fiji time' – sef araf – sef 'malua' – sy'n cael ei ynganu'n addas iawn yn ddigon tebyg i 'malwan' – sy'n gyrru Richard yn benwan . . .) i gyfarfod y Prifathro cyn dechrau, mi fuon ni'n gwrando ar bawb yn cael eu gwasanaeth boreol, sef canu emynau. A bobol, dyna i chi ganu. Harmoneiddio go iawn, pedwar llais, a'r hogia'n bloeddio'r darnau bas. Roedden nhw'n amlwg wrth eu boddau'n canu fel'na, dim byd tebyg i'r hyn dwi'n ei gofio o'n 'Canaf yn y Bore' tila ni yn yr oed yna.

Doedd gan neb o'r criw 13 oed syniad lle roedd Cymru ar y map, ond roedden nhw wedi clywed amdanan ni oherwydd y rygbi. A myn coblyn, be oedd ar flows yr athrawes ond pìn y WRU! Cyd-ddigwyddiad pur, wyddai hi'm byd ein bod ni'n dod y diwrnod hwnnw; anrheg gan ffrind i'w thad oedd o ac mae hi wastad yn ei wisgo pan fydd hi'n gwisgo'i blows goch. Digwydd pigo honno wnaeth hi bore 'ma, dyna i gyd. A wyddoch chi be? Mae gêm Cymru v Ffrainc yn mynd i gael ei dangos yn fyw ar deledu Fiji am bedwar y bore – ac eto am un o'r gloch ddydd Sul. Maen nhw'n bobl rygbi go iawn, ac roedd y rhan fwya'n gwybod mwy na fi am aelodau tîm presennol Cymru – ac yn addoli Gareth Edwards.

Ymlaen â ni i gyfarfod gŵr 104 oed o'r enw Bechu Prasad. Roedd o ar ganol gwnïo patshyn ar un o'i drowsusau pan gyrhaeddon ni, ac yn rhyfeddol o iach a heini am ei oed. Roedd hynny'n fwy o syndod o ystyried tlodi ei flynyddoedd cynnar; cafodd ei rieni eu gorfodi i adael India i ddod i weithio i Fiji.

Do'n i erioed wedi clywed am system 'indentured labour' neu 'lafur cytundebol' o'r blaen. Ond math o gaethwasiaeth cyfreithlon oedd o yn y bôn. Pan gafodd Fiji ei choloneiddio gan Brydain, mi benderfynodd y Llywodraeth blannu siwgr yno. Doedd pobl Fiji ddim yn hapus efo'r amodau gwaith yn y caeau cansenni siwgr, ac yn gwrthod gweithio yno, felly mi drodd Prydain at un arall o wledydd ei hymerodraeth: yr India. Rhwng 1878 a 1916, cafodd dros 60,000 o bobl India eu perswadio – a'u twyllo a'u gorfodi – i arwyddo cytundebau fyddai'n eu clymu i weithio yn Fiji am bum mlynedd. Mi fydden nhw'n rhydd i fynd adre wedyn – dim ond iddyn nhw dalu am y tocyn eu hunain. Os am docyn am ddim, byddai'n rhaid iddyn nhw weithio am ddeng mlynedd . . . Wrth gwrs, er gwaetha'r addewid y byddai Fiji'n llifeirio efo llaeth a mêl, mi gawson nhw eu trin fel baw.

Mi brynais i lyfr am yr hanes – *Tears in Paradise* gan Rajendra Prasad – ac mae'r hanes yn ddirdynnol. Wedi cyrraedd Fiji, cafodd gwŷr a gwragedd, rhieni a phlant eu gwahanu, a fydden nhw byth yn gweld ei gilydd eto. Mi gawson nhw eu lletya mewn adeiladau tebyg i genal ci: 8 troedfedd wrth 6 ar gyfer tri pherson. Roedd yr oriau gwaith yn arteithiol, o dri y bore tan chwech y nos, a'r meistri'n chwipio unrhyw un na fyddai'n cyflawni ei dasg 'yn iawn' – merched beichiog, pobl sâl, pawb. Roedd y bwyd yn druenus a'r cyflogau'n waeth. Bu farw nifer fawr o'u clwyfau a salwch ac fe benderfynodd sawl un grogi ei hun yn hytrach na byw – ond gan fod nenfwd eu 'tai' mor isel, mi fydden nhw'n gorfod codi eu coesau er mwyn llwyddo. Bu cenhadon a Mahatma Gandhi yn brwydro i dynnu sylw'r byd at y bobl druenus hyn, ac o'r diwedd daeth y 'cytundebu' i ben, ac fe gafodd yr Indiaid eu rhyddhau. Yn rhyfeddol, penderfynodd y rhan fwyaf, yn cynnwys rhieni Bechu Prasad, aros yn Fiji.

Heddiw, bedair a phum cenhedlaeth yn ddiweddarach, mae 42% o'r boblogaeth yn Indo-Fijiaid, ond chân nhw ddim bod yn berchen tir o gwbl. Maen nhw'n gorfod ei rentu gan y Fijiaid cynhenid. Wrth reswm, dydyn nhw ddim yn gweld bod hyn yn deg. Does 'na'm tensiwn i'w deimlo yn y strydoedd heddiw, ond mae o'n sicr yn y cefndir, a dyna un o'r rhesymau dros y *coups* militaraidd ddigwyddodd yn yr 80au.

Cyn i'r rhaglen am Fiji gael ei darlledu, fe glywson ni bod Bechu Prasad wedi marw ar y 6ed o Fedi, 2005. Roedd o'n 105 oed.

Ar ôl cyrri hyfryd i ginio, aethon ni draw i 'Ardd y Cawr sy'n Cysgu'. Roedd hi'n arfer perthyn i Raymond Burr, sef y dyn oedd yn actio *A Man called Ironside* erstalwm. Roedd o wedi gwirioni efo tegeiriannau *(orchids)*, ac mae 'na ddwy fil o wahanol fathau yno bellach. Lle delfrydol i fynd am dro ac i gysgodi rhag yr haul tanbaid. Mi wnes i fwynhau'n arw yno.

Ffilmio mewn teml Hindi wedyn, ac adre wedi blino'n rhacs. Neidio i mewn i'r pwll, swper a gwely. A dwi wedi cael fy mhigo eto. Ond mae Richard yn ei chael hi'n waeth na fi; mae o wedi bod yn gwisgo sgidiau a sanau a throwsus hir drwy'r adeg, ond mae'n dal i gael ei bigo a'i lympiau'n fwy na rhai neb arall.

Doedd 'na'm mosgitos ar ganolfannau twristaidd fel Beachcomber am eu bod nhw'n chwistrellu'r llefydd hynny'n gyson, ond mi fyddai'n amhosib chwistrellu Nadi i gyd. Dinas brysur ydi hon, ac nid y lle delfrydol ar gyfer treulio gwyliau yn Fiji. Ond gan mai dim ond pedwar diwrnod sydd ganddon ni yma, mae'n gwneud y tro.

26 Chwefror

Mae taith o dros saith wythnos yn hir. Ofnadwy o hir. Er bod Fiji'n lle hyfryd, lliwgar, difyr, dwi wedi blino rŵan, blino go iawn, a dwi jest isio fy ngwely fy hun a fy nhecell fy hun a fy mhobol fy hun – a jest bod ar fy mhen fy hun!

Dwi'm yn siŵr os mai dyna pam wnes i grio ddoe mewn pentre yn y mynyddoedd, ar ôl bod yno drwy'r dydd efo'r bobl leol ac yn cael ein trin fel VIPs. Mi ganon nhw 'Isa-lei' – eu cân ffarwél draddodiadol – i ni ar ddiwedd yr ymweliad. Roedd o mor deimladwy, mor hyfryd, mi ddechreuodd y dagrau lifo; ro'n i'n crio fel babi ac ro'n i jest yn methu stopio. Iechyd, maen nhw'n gallu canu – a rhoi ystyr i'r geiriau, hyd yn oed pan nad ydach chi'n deall y geiriau – ond allwch chi'm peidio â deall yr emosiwn. Ond fi oedd yr unig un o'r criw griodd. Dwi'n meddwl mai fi sydd jest yn berson sensitif ac yn fwy o hogan canu corawl nag o'n i wedi sylweddoli, ond mae'r lleill yn meddwl mai'r 'kava' ges i oedd wedi mynd i mhen i. Diod leol wedi'i wneud o wreiddiau planhigyn pupur ydi kava. Mae o fymryn yn narcotig, meddan nhw, yn dda ar gyfer y felan (nid dyna pam wnes i grio, felly, naci?!) a straen meddwl, ac yn dod â phwysedd gwaed i lawr.

Pan dach chi'n ymweld ag unrhyw bentre yn Fiji, mae kava'n ran allweddol o bob *sevusevu*, sef y seremoni groesawu. Er ei fod o'n edrych fel dŵr golchi llestri, mi fysech chi'n pechu tasech chi ddim yn yfed o leia un llond hanner cneuen goco ohono fo. Mi lwyddodd y tri arall i beidio â chymryd diferyn, yn do, ond doedd gen i'm dewis – roedden nhw'n ffilmio'r holl beth. Ro'n i'n eistedd ar y llawr a nghoesau wedi'u plethu gyferbyn â'r *tanoa*, sef powlen fawr bren yn llawn o kava, ac roedd 'na foi cyhyrog yn laddar o chwys (roedden ni'n ffilmio yn yr haul er mwyn y golau, a iechyd dyna i chi be oedd haul – a finna mewn crys cotwm glas golau oedd yn prysur droi'n las tywyll mewn mannau anffodus) yn cynnig llond *bilo* (cneuen goco) i mi o'r stwff. Ro'n i wedyn yn clapio unwaith, yn derbyn y *bilo*, yn deud 'bula' (sef 'bywyd' neu 'helô, sumai' yn dibynnu ar yr achlysur) a'i yfed mewn un glec. Ro'n i wedyn i fod i glapio deirgwaith i ddangos fy ngwerthfawrogiad. Ro'n i wedi clywed fod ei flas o'n erchyll, ond duwcs, doedd o'm yn ddrwg o gwbl: dŵr oer efo chydig o flas y pridd ynddo fo, ond mae'ch tafod yn mynd yn rhyfedd i gyd yn syth. Bosib mai'r haul llethol oedd o, ond dwi'n eitha siŵr bod fy mhen wedi mynd yn ysgafn hefyd. Dim ond un llond *bilo* ges i (a dau arall efo mymryn yn y gwaelod); mi fu gweddill y dynion (a rhai o'r merched) yn yfed un llond *bilo* ar ôl y llall nes bod y *tanoa*'n wag. Dyna'r drefn – mae'n rhywbeth cymdeithasol, ac roedd hi'n anodd deud sut effaith roedd o'n ei gael arnyn nhw. Oedden, roedden nhw'n gwenu a chwerthin fel ffyliaid, ond roedden nhw felly hyd yn oed cyn cyffwrdd y stwff.

Yn y 1990au, aeth y stori ar led drwy'r gwledydd gorllewinol bod kava'n gwneud byd o les i chi. Erbyn 1998 roedd o'n gwerthu fel slecs, a Fiji a Vanuatu'n allforio gwerth $25 miliwn ohono bob blwyddyn. Ond yn 2001, cyhoeddwyd ffrwyth ymchwil o'r Almaen oedd yn dangos bod kava'n gallu niweidio'r iau, ac erbyn Tachwedd 2002 roedd Ewrop, Canada a'r UDA un ai wedi ei wahardd neu roi cyfyngiadau hallt arno fo. 'O wel, dyna stop ar y pres bach neis yna,' meddai pobl Fiji – ac yna yfed llwyth o kava i foddi eu gofidiau, mae'n siŵr;

roedden nhw'n gwbod be oedd rhinweddau kava, debyg
iawn. Wedyn, dyma ddeall bod y rhan fwya o bobl
gymerodd ran yn yr ymchwil Almaeneg yn defnyddio
cyffuriau eraill oedd yn effeithio ar yr iau. Beryg fod
angen mwy o ymchwil i mewn i'r ddiod ryfedd 'ma, ond
yn sicr, do'n i ddim gwaeth ar ei ôl o. Ac os oedd pobl
Yavuna'n gallu canu fel'na ar ei ôl o, efallai y dylai ambell
gôr ystyried ei allforio jest cyn Steddfod.

Wedi'r seremoni yfed kava, gawson ni berfformiad o
ddawns draddodiadol gan rai o ddynion iau y pentre.
Dan do y bydden nhw wedi perfformio fel arfer ond, er
mwyn y camera, mi fuon nhw wrthi tu allan. Wel, os o'n
i'n chwysu, doedd rhain yn ddim byd *ond* chwys, bechod.
Ac yn anffodus, gan ei bod hi'n ddydd Sadwrn, roedd y
dawnswyr gorau wedi mynd i chwarae rygbi dros y tîm
lleol. Roedd y rhai oedd ar ôl yn gwneud eu gorau, ond
roedd 'na un neu ddau'n cael trafferth cofio'r symudiadau
ac yn piso chwerthin bob hyn a hyn. Cêsus.

Gawson ni wahoddiad i dŷ'r pennaeth, Tai Eparama
Nakoro, wedyn. Roedd o wedi gweithio yng ngheginau
awyrennau Panamerican am ddwy flynedd ar hugain, a
dyna lle dysgodd o sut i chwarae pêl-foli. Pan ddaeth o'n
ôl adre, mi gododd rwyd bysgota rhwng dwy goeden a
dysgu'i ffrindiau sut i chwarae, a chyn pen dim roedd y
gêm yn cael ei chwarae dros yr ynysoedd i gyd, medda
fo. Rygbi ydi'r gêm genedlaethol, ond mae pêl-foli'n
hynod boblogaidd fel gêm i'w mwynhau. Mi wnes i
ddotio at y gŵr yma hefyd, ac roedd ganddo
chwerthiniad bendigedig – un dwfn, o'r galon, oedd yn
gwneud i chithau chwerthin yn syth. Dwi'n meddwl mai
dyna un o'r atgofion cryfa fydd gen i o Fiji: yr holl
chwerthin.

Dwi'n gwybod mod i'n deud hyn o hyd, ond dwi am
ddod yn ôl i fan 'ma hefyd. Dwi'n gadael heno, wedi dim
ond pedwar diwrnod. Dwi'm wedi gweld llawer o'r

ynysoedd – dim ond un allan o dros dri chant, a dim ond y mymryn lleia o'r ynys honno – ond roedd o'n ddigon i roi blas mwy. *Vinaka* (diolch), Fiji.

pegwn y gogledd

A rŵan dwi bron â chyrraedd Pegwn y Gogledd. Mi
hedfanodd Richard a minnau o Heathrow i Oslo ddoe –
sy'n faes awyr hurt o ddrud, gyda llaw; ches i fawr ddim
newid o £10 am baned o goffi, gwydraid o sudd oren a
photyn bach o iogwrt. Hedfan i Tromsø wedyn, a chael
rhyw hanner awr o hoe yn fanno – a phwy oedd yn y bar
ond Jason, un o'r bois fu yn Patriot Hills efo ni. Fo oedd
yn arwain y criw oedd am sgio at y Pegwn – a llwyddo.
Mae rhai o'r un criw (ac Andrew Regan, y boi driodd
brynu'r Co-op) yn dod i wneud y Pegwn yma fory – ond
dydyn nhw ddim am sgio'r tro yma. Dwi'n meddwl bod
Pegwn y De wedi hanner eu lladd nhw.

Hedfan ymlaen wedyn i Longyearben wedyn, sef
pentref ar ynys Spitzbergen, un o gasgliad o ynysoedd o'r
enw Svalbard yn uchelfannau'r Arctig sy'n cael eu rheoli
gan Norwy. Mi fues i'n darllen y wardob o lyfr *The Arctic
Grail* y rhan fwya o'r ffordd, heblaw am ryw lun o drio
sgwrsio efo Eidalwr main yn ei 60au oedd yn trio deud
bod gen i lygaid Eidalaidd. Do, dwi wedi bod yn trio
paratoi fy hun yn feddyliol ar gyfer y daith, ac yn teimlo
fymryn yn annifyr mod i'n mynd i allu cyrraedd y Pegwn
mor hawdd, a chymaint o bobl wedi marw wrth drio
cyrraedd y lle dros y canrifoedd.

Dyna i chi Syr John Franklin, hwyliodd o Loegr yn
1845 i drio dod o hyd i'r Northwest Passage. Collwyd ei
ddwy long a'r 129 o ddynion rywle ar y rhew. Aeth sawl
llong arall i chwilio amdanyn nhw, a phan ddaethpwyd o

hyd i'r gweddillion, adroddwyd y canlynol: 'From the mutilated state of many of the corpses and the contents of the kettles, it is evident that our wretched countrymen had been driven to the last resource – cannibalism – as a means of prolonging existence.' Wel, doedd pobl barchus Prydain ddim yn mynd i gredu hyn, debyg iawn. Ysgrifennodd Charles Dickens ei hun erthygl yn mynnu na fyddai dynion bonheddig Prydain byth yn defnyddio y fath 'horrible means' i osgoi llwgu. Ia, ia . . .

Un rheswm dros yr holl farwolaethau yn yr Arctig bryd hynny oedd bod gogledd Ewrop a Gogledd America yn llawer iawn oerach rhwng 1560 ac 1850 nag ydyn nhw heddiw. Ond roedd 'na reswm arall: y gred fod y ffordd Brydeinig o wneud pethau yn llawer iawn gwell nag unrhyw ffordd arall. Dechreuodd y Royal Navy yrru llongau i'r rhew ar ddechrau'r 1800au gan gredu y byddai siwmperi cotwm gwyn, capiau gwlân a elwid yn 'Welsh wigs' (am ryw reswm) a sgidiau 'carped' yn ddigon i'w harbed rhag rhewi. Cafodd pawb boteli dŵr poeth, chwarae teg – rhai wedi eu gwneud o dun. Wrth gwrs, fe rewodd y dŵr yn syth – a'u bysedd a'u traed.

Roedd yr 'Eskimos' (dyna oedd y Prydeinwyr yn galw'r Inuits) yn cadw'n gynnes braf mewn parkas llac o ffwr a chroen morlo, ond doedd gwŷr dewr Prydain ddim yn mynd i iselhau eu hunain i wisgo fel y 'natives', debyg iawn. Er gwaetha'r holl golledion a dioddefaint, roedden nhw'n dal i fynnu gwisgo gwlân a fflanel a bwtsias lledr ac, fel Scott, yn mynnu tynnu'r slediau trymion eu hunain yn hytrach na defnyddio cŵn. Ac er ei bod hi'n amlwg bod y *blubber* fyddai'r Inuits yn ei fwyta yn eu cadw'n fyw ac iach ar y rhew, gwrthod cyffwrdd y fath erchyllbeth wnaeth y Saeson. Balchder a rhodres crach Prydeinig y 19eg ganrif a'r ofn o droi'n 'native' fu'n gyfrifol am golli cannoedd o fywydau. Mae darllen y straeon yma'n gwneud i mi wylltio a gwingo o ddifri.

Er bod y gogledd dipyn cynhesach rŵan nag oedd o ddau can mlynedd yn ôl, mae hi'n dal reit oer, a thipyn oerach na'r hyn oedd hi ym Mhegwn y De gan nad ydi hi'n haf yma. Gwanwyn y Gogledd ydi hi rŵan (o fath). Gan mai dŵr môr wedi rhewi ydi'r gogledd, yn hytrach na thir caled fel yn Antarctig, dydach chi'm isio i'r rhew fod wedi toddi gormod a chithau isio glanio awyren neu hofrennydd yn ei ganol o. Beryg i chi wlychu.

Felly mi fu'n rhaid i mi gael chydig mwy o bethau at y stwff sy'n dal gen i ers Pegwn y De, sef nicyrs thermal, balaclafa a phâr ychwanegol o fenig mawr, bron at y penelin. Dwi'n cael y gôt, y *salopettes* a'r sgidiau gan y cwmni, diolch byth, neu mi fyddai nghês i wedi byrstio.

Maes awyr bach iawn sy'n Longyearben, yn llawn o bobl awyr agored-aidd efo sgis a ballu, sy'n syniad da gan ei bod hi'n eira mawr yma. Roedd Ric, trefnydd a chyd-berchennog cwmni Northwest Passage, yno i'n cyfarfod ni. Roedd ei wraig a'i fab deg oed ar yr un awyren, ond roedd tri o'u bagiau nhw wedi mynd ar goll yn Chicago. Roedd o hefyd yn cyfarfod boi o'r enw Steve sydd wedi dod yma i sledio efo cŵn, felly gawson ni dipyn o fraw o weld ein bod ni i gyd – a'r holl fagiau – i fod i ffitio i mewn i un car. Lwcus bod 'na dri bag wedi mynd ar goll, achos roedden ni fel sardîns.

Doedd 'na'm lle i ni yn y gwesty crand yma neithiwr, felly gawson ni'n rhoi mewn math o *bunkhouse*. Gawson ni stafell yr un, ond roedden ni'n rhannu tai bach a stafelloedd molchi, a dwi'n eitha siŵr mai fi oedd yr unig hogan yn y lle – nid mod i'n cwyno. Ro'n i'n gyfforddus iawn yno, er gwaetha'r ffaith bod 'na rywun yn chwyrnu fel arth yn y llofft drws nesa. Mi ddoth y plygiau clust yn handi iawn unwaith eto. Gyda llaw – mae enw yr Arctig yn dod o 'arktos', y gair Lladin neu Groegaidd am arth, felly dyma wlad yr eirth, a'r Antarctig ydi'r wlad lle nad oes eirth. Mae'r eirth gwynion yn y gogledd yn unig, a'r pengwins ddim ond yn y de. Gwybodaeth ddefnyddiol ar gyfer cwis tafarn i chi yn fan'na.

A rŵan rydan ni yn y gwesty crand 'ma. A bod yn onest, ro'n i'n hapusach yn y llall. Roedd y bobl yn fan'no'n deips tebycach i mi. Pobl efo pres sydd fan'ma, a dydyn nhw ddim hanner mor barod i gael sgwrs. Mi ddysgais i gryn dipyn dros frecwast yn y *bunkhouse*: efallai nad ydi'n cwmni ni'n rhyw drefnus iawn, ond maen nhw'n llawer gwell na sawl un arall, fe ymddengys. Roedd 'na un criw wedi tynnu pawb oddi ar y rhew wythnos dwytha am fod y cwmni wedi mynd i'r wal. Mae'n criw ni'n flêr, ond yn ddigon clên – er enghraifft, roedden nhw wedi deud y byddai 'na sgidiau *snowpac* i mi (mae gan Richard ei bâr ein hun) ond does 'na ddim. Ond mae gwraig Ric wedi deud na fydd hi'n dod i'r Pegwn wedi'r cwbl, felly bydd ei mab yn cael ei sgidiau hi (maint 4) a fi'n cael ei rai o, sy'n faint 6 i fod ond yn edrych a theimlo fel 4. Dwi wedi cael fy nghôt a'r *salopettes* ac maen nhw hyd yn oed yn fwy na'r rhai ges i yn y gogledd. Dwi'n edrych fel Michelin Man beichiog ynddyn nhw.

Glo ydi prif ddiwydiant ynysoedd Svalbard. Ar un adeg, filoedd o flynyddoedd yn ôl, roedd Svalbard wedi ei leoli yn agos at y cyhydedd ac yn flanced o goed a phlanhigion trofannol. Ond wrth i'r ynysoedd symud tua'r gogledd mi newidiodd y tymheredd a bu farw'r coed. A dyna sut bod 'na gymaint o lo yma.

Mae 'na ryw dair mil o bobl yn byw ar yr ynysoedd – am ran o'r flwyddyn beth bynnag – a'r rhan fwya ohonyn nhw yn Longyearbyen. Dyma ganolfan bywyd cymdeithasol a gweinyddol yr ynysoedd, ac mae 'na chydig o bob dim yma, yn cynnwys ysbyty a phrifysgol. Ond does 'na'm mynwent. Y ddaear yn rhy galed i dyllu, tydi? Os oes rhywun yn marw yma, mae eu cyrff yn cael eu hedfan yn ôl i lle daethon nhw ohono yn Norwy; does 'na fawr neb yn byw yma drwy'r flwyddyn, dach chi'n gweld; mae gan bawb ail dŷ rhywle ar dir mawr Norwy.

Mae'r tymheredd heddiw yn −28°, meddan nhw. Dwi'm yn gwbod ai'r oerfel ydi o, neu'r ffaith ei bod hi mor gynnes yn y gwesty, neu'r neilon sy yn y carped, ond mae 'na static anhygoel yma. Dwi'n snap cracl a phopio bob tro dwi'n cyffwrdd unrhyw beth metal, ac mae 'na sbarcs yn codi pan fydda i'n cyffwrdd y swits golau. Ydi, mae'n dychryn rhywun braidd i ddechrau, ond dwi wedi dod i arfer rŵan.

Dwi 'rioed wedi bod yn Scandinafia o'r blaen, a dwi newydd sylweddoli mai dyma'r wlad gynta ar y daith lle nad ydw i'n deall gair o'r iaith. Iawn, mae gan y Fijiaid eu hiaith eu hunain, ond roedd 'na arwyddion Saesneg ymhob man; mae pob dim yn Norwyeg fan hyn. Dwi wedi trio dysgu ambell air, ond dydi hi'm yn iaith hawdd o bell ffordd. Mae pawb yn gallu siarad rhywfaint o Saesneg yma; mae'n rhan bwysig o'u system addysg. Dydi plant ddim yn dechrau'r ysgol nes eu bod nhw'n 6 oed, ond maen nhw'n dechrau dysgu Saesneg yn 7! Dydi rhai ohonyn nhw ddim hyd yn oed yn gallu darllen na sgwennu bryd hynny.

Gawson ni swper efo criw'r cwmni heno, ac mae 'na fwyd hyfryd yma. Dydi o'm yn rhad o bell ffordd, ond mae'n fendigedig. Ges i *carpaccio* morfil i ddechrau, a chig carw ar wely o bupur coch wedyn. Ac i bwdin, gawson ni wybod bod y tywydd yn ffafriol – felly rydan ni i fod yn barod i adael am 1.45 bore 'ma er mwyn hedfan i'r Pegwn am dri!

11 Ebrill

A dyna ni, dwi wedi bod ene. Wedi sefyll ar dop y byd, ar begwn y Gogledd, ac mae gen i'r tystysgrif a'r lluniau i

Y tîm yn Auckland – Sian, Richard, Jonathan a fi.

Y gystadleuaeth *pedal shearing* yn Wanganui.

Richard Rees

Fy athro polo. Ydw, dwi'n gwenu fel giât!

Un o draethau bendigedig Parc Muriwai (Seland Newydd o hyd).

Fiji. Sbiwch yn ofalus – mae fy llygaid yn goch.

Gjelder hele Svalbard

Fu Richard 'rioed yn un i gymryd sylw o arwyddion.

Pegwn y Gogledd –
a dwi ddim mor dew
â hynna go iawn!

O fewn dim i
ddeud wrtho am
stwffio'i ff%@*&
pwffin i fyny'i din.

Tref Nolsoy, ynysoedd y Ffaroes.

Bethan Gwanas

Jonathan Lewis

Pysgod y Ffaroes yn crogi
ar y lein. Dwi'n gwybod sut
maen nhw'n teimlo.

Bethan Gwanas

Un o draethau bendigedig Cape Wrath, ym mhen ucha'r Alban.

Bethan Gwanas

Bethan Gwanas

Jonathan Lewis

Calum Millar, fy athro pysgota plu, yn dangos ei ddoniau o flaen Castell Ardvreck.

Ceisio cyfarch yr haul (neu rywbeth) efo Fiona, fy athrawes yoga.

brofi'r ffaith. Ond mae'n teimlo fel taswn i wedi jest 'piciad' yno. Wir rŵan, roedd y cwbl mor sydyn, mor hawdd o'i gymharu â chyrraedd Pegwn y De, dwi'n ei chael hi'n anodd credu rhywsut bod y cwbl wedi digwydd. Wedi cychwyn am dri y bore, roedden ni'n ôl yn Longyearben erbyn amser swper. Cofiwch chi, lwcus oedden ni, mae'r gwynt yn gallu chwarae triciau budron yma, ond roedd o wedi digwydd penderfynu bihafio ar ein cyfer ni.

Wedi cyrraedd y maes awyr, roedd 'na sgidiau yno i mi wedi'r cwbl – rhyw bethau mawr hyll, anhygoel o drwm. Ond o leia roedd 'na le i nhraed a'r dau bâr o sanau ynddyn nhw. Ro'n i'n methu dallt pam fod 'na gwpwl ifanc trendi mewn jîns a hithau efo handbag yn dod drwadd efo ni, felly bu'n rhaid i mi eu holi. Roedden nhw newydd gyrraedd mewn awyren breifat o Fanceinion; roedd yr hogyn (a hogyn oedd o – yn ei ugeiniau cynnar) wedi gwneud tomen o bres drwy werthu ei gwmni ac wedi penderfynu jest picio i'r Pegwn er mwyn rhoi dêt i'w chofio i'r hogan 'ma. Roedden nhw'n derbyn y dillad a'r sgidiau pwrpasol funudau cyn mynd ar yr awyren, a nag oedden, doedden nhw'n bendant ddim yn sobor.

Peth bach Rwsiaidd hynafol oedd yr awyren, ond roedd 'na seddi go iawn tro 'ma – a thŷ bach. Ac wedi rhyw ddwy awr a hanner, roedden ni'n glanio yng ngwersyll 'Borneo' (dwi'n meddwl bod 'na elfen o eironi yn yr enw), sydd ar 89° ar y llinell lledred, a dyna'r glaniad byrraf a mwya sydyn i mi ei brofi erioed. Rwsiaid sy'n rhedeg y gwersyll, a'r cwbl ydi o ydi llond llaw o bebyll lliwgar a pholyn yn deud pa mor bell ydi hi i Tokyo ac ati. Gwersyll dros dro ar gyfer gwyddonwyr ac anturiaethwyr ydi o, ac roedd hi'n hyfryd yno; roedd yr haul yn tywynnu a'r awyr yn las, ond iechyd, roedd hi'n oer: −33° meddan nhw. I mewn â ni i'r brif babell, oedd yn llawn stêm a bwyd a Rwsiaid mawr yn clecio fodca.

Roedd 'na groeso i ni helpu ein hunain, ac os oedden ni isio crwydro, iawn, ond ddim yn rhy bell. Os oedden ni am grwydro o ddifri, roedden ni i fod i fynd ag un o'r Rwsiaid oedd â gwn efo ni oherwydd yr eirth gwyn. Felly aeth neb yn rhy bell.

Roedd yn rhaid i Richard a minnau wneud tipyn o ffilmio tu allan, wrth gwrs, felly dyma daenu hufen haul ffactor 60 ar fy wyneb jest rhag ofn. O fewn munudau, roedd fy ngwallt i fel eisin cacen Dolig a f'amrannau'n wyn – ac roedd gen i fwstásh, myn coblyn. Ro'n i'n falch iawn mod i wedi prynu nicyrs thermal. Wrth drio newid batris fy nghamera digidol newydd sbon, ro'n i'n gallu diodde bod heb fenig am chydig eiliadau – ond dyna'r cwbl. Ac ro'n i'n gorfod newid y batris am fod un set ar ôl y llall yn rhewi ac yn gwrthod gweithio. Ac os o'n i'n mynd â nhw i mewn i'r babell fawr gynnes at y Rwsiaid a'r fodca, roedd lens y camera'n mynd yn wlyb ac yn rhewi'n gorn yr eiliad ro'n i'n mynd yn ôl allan. Straffîg? Does ganddoch chi'm syniad. Ac os o'n i'n gorfod gwenu'n rhy hir roedd fy ffilings yn brifo. Rhewodd bysedd Richard yn sownd i'r camera unwaith, pan gyffyrddodd o mewn darn metal heb gofio ei fod wedi tynnu ei faneg am eiliad. Pan gnociodd ei law i ffwrdd efo'r llaw arall, roedd 'na haen o'i groen yn dal ar y metal.

Roedd 'na le chwech yn Borneo, diolch byth (do'm i'm yn ffansïo defnyddio'r hen botel pi-pi 'na eto) ond pabell fechan efo twll yn y llawr oedd y lle chwech, a darn o bren efo twll mawr ynddo dros hwnnw. Doedd hi ddim yn neis iawn yno (rhywun heb anelu'n rhy dda a hwnnw wedi rhewi'n gorn), a doedd hi ddim yn hawdd i hogan efo'r holl bali thermals a *salopettes* chwaith (pryd maen nhw'n mynd i wneud dillad ymarferol ar gyfer genod, dwch?) ond mae gen i gluniau go gry, felly mi wnes i ymdopi'n weddol.

Yn sydyn, daeth cyhoeddiad bod yr hofrennydd yn barod i gychwyn am y Pegwn, a dyma rhyw ugain ohonon ni'n ymlwybro drwy'r rhew tuag ato. Ro'n i'n sylwi bod 'na sŵn od, 'gwag' rywsut wrth i ni gerdded weithie, a dyma sylweddoli nad oedd y rhew dan draed yn drwchus iawn. Hm. Deall hefyd bod yr hofrennydd yma wedi bod yn gwasanaethu yn Chechnya tan yn ddiweddar; roedd tyllau'r bwledi'n dal i'w gweld yma ac acw. Doedd 'na'm llawer o le i ni i gyd ynddi, a meinciau pren oedd y cadeiriau, ond roedd hi'n glyd iawn yno a phawb yn gwenu fel ffyliaid ar ei gilydd, wedi cynhyrfu'n rhacs, yn enwedig y tri o Ganada a'r UDA oedd yn gobeithio paragleidio i lawr wedyn. Dwi wedi cyfarfod paragleidwyr o'r blaen ac mae 'na wastad rhyw dân rhyfedd yn eu llygaid nhw. Arwydd o *adrenalin freaks* am wn i.

Dim ond i ni grafu'r rhew oddi ar y ffenestri bychain, roedden ni'n gallu gweld y rhew (a'r dŵr . . .) oddi tanon ni. Ond roedd Richard yn edrych yn swp sâl – doedd batris y camera ddim yn hapus. A deud y gwir, doedden nhw ddim yn gweithio o gwbl.

O fewn rhyw dri chwarter awr, roedden ni wedi glanio ar y Pegwn. Does 'na affliw o ddim byd yno, wrth gwrs, dim ond rhew. Ond roedd hi gymaint brafiach yno nag ym Mhegwn y De, sy'n flêr ac yn hyll fel pechod efo'r holl adeiladau a'r adeiladu sy'n digwydd yno. Mae Pegwn y Gogledd yn wag, yn bur ac yn wyn. Does 'na'm pwynt codi polyn yno – mae Pegwn y Gogledd yn symud dragwyddol gan mai rhew ar wyneb y môr ydi o, yn cael ei wthio gan y cerrynt. Ro'n i wrth fy modd, ac mi osodais fy mholyn personol efo baner y Ddraig Goch yn ei le gyda balchder. Roedd Richard yn hapusach hefyd – roedd y batris wedi atgyfodi, ond dim ond am gyfnodau byrion ar y tro. Tase'r lle ddim mor oer, mi fyddai'r creadur wedi chwysu peintiau.

A phan gododd yr hofrennydd i ollwng y tri *sky diver* gwallgo bost i'r awyr, ro'n i'n gegrwth. Roedd 'na rywbeth arallfydol am wylio'r tri yn hedfan uwch ein pennau, ac yn glanio â'u llygaid yn sgleinio hyd yn oed yn fwy gwyllt nag arfer a'u hwynebau wedi eu Frosties-eiddio'n llwyr. Roedd 'na un wedi dod â llythyr i Sion Corn gan ei ferch fach, ac fe'i claddodd yn y rhew yn barod at Dolig nesa. Roedd hi'n chwythu'n uffernol i fyny yna, medden nhw, a fydden nhw byth wedi cael neidio mewn gwynt fel'na adre yng Nghanada a'r UDA. Ond dyw'r Rwsiaid ddim yn malio cymaint â phawb arall am Iechyd a Diogelwch – diolch byth. Roedden nhw hefyd wedi dychryn am reswm arall wrth neidio. Doedden nhw'n gweld dim byd ond dŵr glas am yn hir. 'I thought the North Pole was supposed to be solid ice!' meddai un. Ond mae o'n toddi, tydi.

Roedden ni i gyd yn cael gwneud un alwad ar y ffôn *satellite*, felly mi ffoniais i Meg, sy'n dair. 'Helô Bethan,' meddai, 'ti 'di ca'l presant i fi?'

Wedi rhyw awr o grwydro a synnu a brwydro efo batris (yr unig ffordd ro'n i'n gallu cael fy rhai i i weithio oedd drwy eu stwffio rhwng fy fest thermal a fy mra), yn ôl â ni am Borneo a Longyearben. Mi gawson ni i gyd lond gwydr o fodca ofnadwy o gry, llawn cyrains duon a digon ffiaidd, gan y Rwsiaid, a do, mi gysgodd y rhan fwya ohonon ni yr holl ffordd nôl i Borneo. Wel, pawb ar wahân i'r hogyn busnes o Fanceinion. Roedd o'n prysur feddwi'n dwll efo un o'r Rwsiaid, a'i gariad yn sbio'n hyll iawn arno.

Gawson ni bob o wydraid o 'Polar champagne' rôl cyrraedd nôl i'r babell fwyd, a thystysgrifau. Gawson ni fynd am dro bach ar y sled cŵn wedyn, ond dim ond yn ara bach rownd y bloc. Yn y cyfamser, roedd y boi o Fanceinion yn dal i glecio fodca efo'r Rwsiaid ac yn chwil gachu ulw erbyn hyn, ac yn fflyrtio efo pob hogan o fewn cyrraedd. Doedd ei gariad ddim yn bles *o gwbl*.

Roedden ni'n ôl yn y gwesty yn Longyearben erbyn 6, wedi blino ond yn hapus. Ac mi gawson ni goblyn o hwyl dros swper. Roedd Richard a finna wedi archebu'r penfras, ond dwy stecan fawr gawson ni. Dyma ni'n tynnu sylw'r weinyddes at hyn. 'We ordered cod . . . ' Edrychodd hi arnon ni mewn braw ac yna cochi at ei chlustiau. Roedd hi wedi cymysgu rhwng 'cod' a 'cow.'

12 Ebrill

Gawson ni fynd am dro ar *snowmobiles* heddiw, a dyna i chi be ydi hwyl. Maen nhw fel beics pedair olwyn yn union, ond heb gêrs. Thomas o'r Ffindir oedd ein tywysydd, gwyddonydd oedd yn arfer canŵio dros ei wlad. Astudio glasiers a ballu yn y brifysgol mae o rŵan, ac arwain tripiau ar *snowmobiles* yn ei amser sbâr. Roedd ganddo wn hynafol iawn yr olwg dros ei ysgwydd, ond roedd o'n hynod ddibynadwy medda fo. Os dach chi'n gadael y dre, mae'n gyfraith gwlad eich bod chi'n mynd â gwn efo chi am fod 'na bum mil o eirth gwynion yn Svalbard, ac maen nhw'n bethau peryg. Chewch chi ddim hela eirth yma, mae hynny'n gyfraith ers 1973, ac mae'r gwn yna i chi ddychryn yr arth yn hytrach na'i ladd. Ond os nad oes ganddoch chi ddewis, mi ddylech chi anelu at ei frest a saethu sawl gwaith. Wedyn mae'n rhaid i chi wneud adroddiad i'r awdurdodau cyn gynted â phosib. Ond chafodd ein gwn ni mo'i ddefnyddio, gan na welson ni affliw o ddim. Tasen ni wedi mynd ar yr un daith â'r lleill i westy ar long sydd wedi rhewi allan yn y môr yn rhywle, mi fydden ni wedi gweld tri – mam a dau fach – ond gan ein bod ni angen ffilmio, aethon ni am daith

dipyn byrrach, yn do. Fel'na mae hi weithiau. Ond roedd
y golygfeydd yn fendigedig ac mi wirionais yn bot.

Yn ôl yn y gwesty, pwy oedd wedi cyrraedd ond Jason
ac Andrew Regan a'r criw. Roedd Lucinda, un o'r sgiwyr
melynwallt, yno efo'i dau blentyn; roedd y mab ar fin
gwneud ei Lefel A – yn Eton. Ac roedd Andrew Moon,
sy'n byw yn y Cayman Islands, yno hefyd. Hwyliwr sy'n
cystadlu'n rhyngwladol ydi, o mae'n debyg, ond doedd o
'rioed wedi clywed am Richard Tudor! (Beryg bod
Richard Tudor erioed wedi clywed amdano yntau
chwaith.) Roedd 'na ddau wyneb newydd, sef miliwnydd
arall o'r enw Richard Griffiths (na, doedd o ddim yn
Gymro, medda fo) sydd â chwech o blant efo chwech
mam wahanol. Mae'n debyg bod angen iddo fod yn
filiwnydd i dalu *maintenance* i bawb. A'r llall oedd Fiona
y ffotograffydd. Roedd hi'n rêl hen ast efo fi, a finnau'n
methu deall be ro'n i wedi ei wneud i'w phechu hi.
Eglurodd Richard wedyn fod ganddi rywbath yn erbyn
pobl o ogledd Cymru. Mae ei thad yn ffarmwr sy'n
rhentu tir yn ne Lloegr yn rhywle ac mae'r ddynes o
ogledd Cymru yn gwrthod ei werthu. Ond mae'n siŵr
mai Saesnes wedi ymddeol i Gymru ydi hi! Hen het
wirion. Roedd hi'n hyfryd gweld Andrew Regan eto,
achos mae o'n gymeriad a hanner, ond doedd gen i'm
mynedd efo'r lleill.

Dwi wedi mwynhau'r daith yma'n arw, ac mi awn i'n ôl
i Svalbard eto i sno-mobilio a mynd ar sled efo cŵn a
gwersylla allan yn yr eira a jest joio byw. Ond gewch chi
gadw'ch miliwnyddion.

ynysoedd y ffaroe
(neu føroyar)

Codi am 4.30 i yrru i Fanceinion i ddal awyren i
Copenhagen am 9.55. Ond roedd 'na rywbeth o'i le ar yr
awyren, felly bu'n rhaid i mi lolian o gwmpas maes awyr
Manceinion am oes, lle dechreuodd fy nhrwyn redeg.
Dwi wedi dal annwyd, damia. O leia ges gyfle i brynu a
dechrau darllen llyfr o'r enw *Spoken here – Travels among
threatened languages* gan Mark Abley, boi o Ganada sy'n
siarad Saesneg, Ffrangeg 'and a little Welsh'. Dow! Mae
'na bennod fawr dew am y Gymraeg, a darn go lew am
'Faroese'. Handi iawn. Cyrraedd Copenhagen am 14.20,
wedi dysgu cryn dipyn am iaith yr ynysoedd unigryw 'ma
a mynd drwy lond pecyn o hancesi papur a sylweddoli
mod i'n clywed affliw o ddim efo fy nghlust chwith. Dydi
annwyd a chlustiau a hedfan ddim yn mynd efo'i gilydd.

Cyfarfod Richard a Jonathan, llwyddo i ddeall
rhywfaint o'r hyn roedden nhw'n ei ddeud, ac am 17.00
dal yr awyren i Vagar, maes awyr sydd 40 milltir o
brifddinas y Ffaroes: Tórshavn. Mae'r 'v' yn debycach i
'w', felly dach chi'n ei ddeud o bron fel Torshawn.

Roedd Hildur a John o'r bwrdd twristiaeth yno i'n
cyfarfod ni efo bws mini, ond ro'n i'n methu clywed neb
yn siarad ynddo fo, a dwi wedi bod yn fyddar drwy'r nos.
O leia roedd fy llygaid yn gweithio ac mi wnes i wir
fwynhau'r daith i Tórshavn – heibio mynyddoedd moel â
siapiau diarth, *fjords* a *sounds* oedd yn berwi efo cerrynt
peryg yr olwg, mynd drwy dwnnel hirfaith sy'n mynd
dan y dŵr a gwneud y daith i'r brifddinas awr yn fyrrach
nag oedd o, a heibio tai efo toeau gwair yn chwifio yn y

gwynt a chaeau o fawn wedi'i dorri'n daclus. Ro'n i wedi cymryd mai ar gyfer tanwydd roedd y mawn, ond naci, i blannu tatws mae o. Does 'na'm byd arall yn tyfu'n rhy dda yma, mae'n debyg, heblaw riwbob. Does 'na'm coed chwaith; os ydyn nhw'n trio plannu rhai, does 'na'm digon o bridd ac maen nhw'n cael eu chwythu'n grempog gan y gwynt. Oherwydd hynny, mae'r tirwedd yn reit ddi-liw ac undonog, ac mae'n debyg mai dyna pam fod y tai mor lliwgar. Oherwydd y glaw, roedd 'na enfys rownd bob cornel, a dyna'r argraff ro'n i'n ei chael ym mhob pentref hefyd: tŷ melyn a phinc llachar yn fan'ma, un glas golau a gwyn drws nesa, un du a choch drws nesa i hwnnw, rhai efo toeau gwair yn chwifio yn y gwynt, rhai efo toeau coch, gwyrdd, du a gwyn yn sgleinio yn yr haul. Mae'r effaith yn rhyfeddol o braf i sbio arno.

Wrth ddringo i lawr y mynydd olaf, roedden ni'n gallu sbio i lawr ar y dre a'r harbwr taclus efo cychod mawr o Rwsia, a chaleidosgop arall o dai yn ymestyn ar draws y dyffryn.

Rydan ni'n aros mewn 'Guesthouse' bach am heno am nad oes 'na le yng Ngwesty Føroyar tan fory, gan fod 'na ryw gynhadledd bysgod yma. Mae'r stafelloedd yn fychain a phlaen ond efo gwely hyfryd, ond rydan ni'n gorfod rhannu'r stafell molchi. Es i am fath ar ôl i Jon gael cawod ac roedd y llawr yn socian.

4 Mai

Cael cawod ar ôl Richard bore 'ma ac roedd y llawr yn nofio eto. Ydi dynion yn dallt be ydi pwrpas cyrten mewn cawod?!

Ro'n i'n falch iawn o sylweddoli bod fy nghlust yn holliach eto. Argol, mae'n braf gallu clywed. Ond doedd y tywydd ddim yn braf iawn yma. Glaw a niwl fu hi bron drwy'r dydd. Roedd hi hefyd yn bwrw eira, yn chwythu, ac yn heulog – i gyd o fewn deng munud yn yr un lle. Weles i 'rioed le efo tywydd mor hurt o gyfnewidiol. Dyna pam nad ydi'r bobl leol byth yn trafferthu i wisgo côt law, hyd yn oed os ydi hi'n bwcedu i lawr: maen nhw'n gwybod y bydd hi'n haul braf eto mewn deg munud. Ond dydi tywydd fel'ma ddim yn gwneud bywyd yn hawdd i ŵr camera. Roedd Richard druan yn mynd yn wirion wrth orfod newid y 'white balance' ar y camera bob munud. Mae'n rhaid cael y balans yn iawn neu mi fydd y lluniau un ai'n las neu'n oren yn hytrach na'r lliwiau go iawn.

Crwydro'r dre bore 'ma, y siopau efo nwyddau hyfryd ynddyn nhw, ond drud, a'r archfarchnad lle maen nhw'n gwerthu'r bwydiach rhyfedda – slywen wedi sychu, braster morfil (sy'n dda ar frechdan mae'n debyg), pennau defaid, peli o gig oen a physgod yn gymysg, a thafelli o weddillion cig oen wedi'i falu a'i stwnsho sy'n gwneud grefi efo menyn sy'n cael ei fwyta efo pysgod. Mae eu bwyd nhw'n bendant yn gwbl wahanol i fwyd unrhyw le arall. Pysgod, cig oen, tatws a riwbob ydi'r pethau traddodiadol achos mae'n anodd tyfu unrhyw beth arall yma, ond mae pâl *(puffin)* efo saws llus yn eitha poblogaidd. Ond wrth gwrs, mae 'na ambell fwyty Thai yma bellach, yn ogystal â Burger King, ac mae 'na sglodion a *lasagne* ar fwydlenni'r ysgolion.

Mae adeiladau'r hen dre yn wirioneddol dlws: mae'r hanner isaf wedi'i wneud o gerrig, wedyn mae'r gweddill yn bren (roedden nhw'n methu gwneud y cyfan o bren am fod 'na gyn lleied o goed yma, a dim ond broc môr oedd ganddyn nhw erstalwm) ac yna'r toeau gwair dros haen o risgl bedw. Mae'n debyg bod y gwair yn cadw'r tai yn glyd a chynnes, a does 'na ddim sŵn glaw ar y to, ac am fod y gwair mor drwm, mae'n cadw'r to yn ei le mewn gwyntoedd cryfion.

Ro'n i wedi gwirioni efo'r Tŷ Nordig. Mae'n adeilad mawr sydd wedi'i wneud o bren o Sweden, llechi o Norwy, stwff adeiladu o Ddenmarc a Gwlad yr Iâ, dodrefn o'r Ffindir a tho 'Faroese' ar ben y cyfan. Ei brif bwrpas o ydi i hyrwyddo diwylliant Nordig yn y Ffaroes, i hyrwyddo diwylliant 'Faroese' yn y gwledydd Nordig, ac i hyrwyddo diwylliant 'Faroese' yn y Ffaroes. Mae 'na amffitheatr enfawr yno, a neuadd gyngerdd lle maen nhw'n cynnal pob math o weithgareddau, o gyngherddau roc a jazz a cherddoriaeth glasurol i ddawnsio o bob math. Ac yno mi wnes i gyfarfod dynes sy'n gwneud ei bywoliaeth drwy olygu llyfrau 'Faroese'. Ro'n i wedi synnu braidd, gan mai dim ond 48,000 o bobl sy'n byw yma, felly sut ar y ddaear mae modd gwerthu digon o lyfrau i allu rhoi bywoliaeth i unrhyw un? Cyfaddefodd ei fod yn amhosib ac mai dibynnu ar grantiau maen nhw, achos dim ond rhyw 600 copi o bob llyfr fyddan nhw'n eu cyhoeddi. 'Ond mae pobl yn dda iawn am brynu deunydd darllen "Faroese",' meddai, 'gan mai dyma iaith gyntaf pawb.'

Mae sefyllfa'r iaith wedi fy synnu i. Mae'r wlad wedi cael ei rheoli gan Ddenmarc er 1380, a hyd at 1938 Daneg oedd iaith swyddogol yr ysgolion. Swnio'n gyfarwydd? Ond heddiw mae pawb, nid dim ond rhyw 20% fel yng Nghymru, PAWB yn siarad 'Faroese'. Ac er mai dim ond 48,000 o bobl ydi hynny (llai na hanner y nifer o siaradwyr Cymraeg yng Nghymru), maen nhw'n gallu cynnal dau – ia, dau – bapur newydd dyddiol cenedlaethol a nifer o rai bychain lleol yn yr iaith honno. Dim swnian am fethu deall yr iaith, dim lol am ddiffyg safon gwlad mor fach; mae pawb yn cefnogi'r iaith, yn falch ohoni ac yn ei defnyddio fel iaith bob dydd – a dyna fo. A dim ond rhyw gan mlynedd yn ôl ddechreuon nhw sgwennu'r iaith! Ia, ond ynysoedd ydyn nhw, yndê, ynghanol môr garw'r gogledd, digon pell o ddylanwad

Denmarc. Chawson nhw mo'u boddi fel ni. Ond mae'n dal yn anhygoel eu bod nhw wedi llwyddo cystal, ac mae ganddon ni wersi i'w dysgu ganddyn nhw. Balchder ydi'r prif reswm dros ffyniant yr iaith, ac unfrydedd barn mai eu hiaith nhw ydi hi; dyna sy'n eu gwneud yn wahanol, dyna sy'n eu gwneud nhw pwy ydyn nhw. A dydi'r byd modern technolegol yn amharu dim arnyn nhw: maen nhw'n bathu ac yn llwyddo i fabwysiadu geiriau a thermau newydd am bethau technolegol ac ati o hyd, ac mae 'na drefn i'r peth. Criw o'r brifysgol sy'n cael y job o feddwl am air addas, un ai'n bathu un cwbl newydd neu'n chwilio am rywbeth addas o'r hen iaith Norse, e.e. 'telda' am gyfrifiadur – gair oedd yn bod eisoes wedi cael bywyd newydd. Wedyn mae'r cyhoedd yn cael gwybod a chael cyfle i drafod y peth, ac yna mae'r ysgolion a'r colegau yn gneud ymdrech ar y cyd i ddefnyddio'r geiriau a'u mabwysiadu – ac mae'r neges yn cyrraedd pawb, nid jest yr *elite* addysgiedig. Dwi'm yn gwbod pwy na sut 'dan ni'n bathu termau newydd Cymraeg, ond dwi'n meddwl bod patrwm y Ffaroes yn un taclus, call a democrataidd y dylid ei fabwysiadu. A dyna ddiwedd y bregeth.

Mi fuon ni'n gwylio'r tîm pêl-droed lleol yn ymarfer wedyn. Roedd y dynion yn chwarae ar un cae, ond roedd y genod dan 16 yn chwarae ar gae arall, ac mi ges i ymuno efo nhw er gwaetha'r ffaith nad ydw i wedi chwarae pêl-droed ers dyddiau'r ysgol gynradd. A myn coblyn, roedd gan yr hyfforddwraig fodryb yn byw yng Nghymru, sef Gunna, sy'n rhedeg Plas Bodegroes, Efailnewydd.

Mi gafodd rhywun y syniad hurt o fy rhoi i yn y gôl tra oedd y genod yn ymarfer ciciau cosb, ac mi ges i'r bêl yn fy nhrwyn yn do – yn galed. Mae nhrwyn druan i wedi chwyddo rŵan ac mae'n dal yn goch. Mi fuon nhw'n tynnu nghoes i'n arw wedyn ac ro'n i'n mwynhau eu

hiwmor nhw; roedd o'n f'atgoffa i o hiwmor Seland
Newydd, braidd.

6 Mai

Dal y fferi i ynys Nolsoy bore ddoe. Doedd o'm yn bell:
dim ond ugain munud ar draws y bae. O dan yr esgyrn
ceg morfil sy'n fath o ddrws allan o'r harbwr, roedd 'na
ddyn o Denmarc o'r enw Jens-Kjeld Jensen yn disgwyl
amdanon ni efo berfa. Does 'na'm ceir ar yr ynys, dim
ond ambell dractor a moto-beic, felly roedd y ferfa'n
ddefnyddiol iawn i gario'n hoffer i'w dŷ o. Tacsidermydd
ydi Jens, ac mae o wedi bod yn stwffio adar er pan oedd
o'n 5 oed.

Roedd ei weithdy'n llawn o adar bach a mawr, o ditw
tomos las i alarch, sgwarnogod arctig ac ati, ac roedd 'na
lwynog arctig bach gwyn, gwaedlyd newydd gyrraedd o
rywle mewn bocs. Mae'n debyg bod twristiaid wrth eu
bodd yn prynu'r pethau 'ma. Ond ei *pièce de résistance*.
oedd y palod, neu'r *puffins*. Mae 'na filoedd ohonyn
nhw'n nythu ar yr ynysoedd 'ma, ac roedd ganddo lond
rhewgell ohonyn nhw yn barod i'w stwffio. Mae o'n
gwneud rhyw 300 y flwyddyn a'u gwerthu am £40 yr un,
os ydyn nhw'n cael eu gosod i sefyll ar garreg go iawn, a
£35 os ar ddarn o blastar sy'n edrych fel carreg. A dyna
pam ro'n i yno: i gael gwers stwffio pâl.

Yn gynta, mi wnes i ei wylio'n dadberfeddu pâl oedd
yn gelain ers blwyddyn a hanner. Mi wnes i sylweddoli'n
syth nad oedd ei ddull o o ddysgu yn cydsynio efo fy null
i. Roedd o'n mynnu pwyntio at rywbeth a gofyn (mewn
Saesneg anodd ei ddeall): 'Reit, be ti'n feddwl 'di
hwnna?' Finna'n trio dyfalu a methu ac yna'n deud 'Dwn
i'm, dwed wrtha i.' Ond roedd o'n gwrthod! Roedd o'n
mynnu mod i'n dal ati i ddyfalu nes mod i'n chwysu. Sut

ro'n i fod i wybod mai ceilliau pwffin oedd y blobyn bach
gwyn o fraster ynghanol y gwaed?

Ymlaen at y stwffio. Mi stwffiodd o un yn hynod sydyn
a hynod gelfydd, ac yna rhoi un arall o mlaen i. Stwffia
di hwnna rŵan. Mi wnes fy ngorau, ond yr argol, roedd
hi'n anodd gwybod pa mor galed i wthio a thwistio'r
weiren i fyny coes pâl. Ydach chi wedi gweld pa mor
denau ydi'u coesau nhw? Ac mae'r croen yn deneuach
fyth. Ro'n i'n chwys diferol am mod i ofn ei rwygo. Doedd
mynd heibio'r ben-glin ddim yn hawdd, chwaith, heb sôn
am dynnu'r cwbl lot tu chwith allan a'i baentio efo
arsenic (i nadu pryfetach rhag bwyta'r croen), na stwffio
gwlân cotwm a hemp i'r tyllau llygaid, a ges i drafferth
uffernol i wneud tafod allan o'r blwmin hemp. Ro'n i'n
teimlo fod Jens yn dechrau colli amynedd efo fi'n barod.
Ro'n i jest â marw isio deud: 'Argol fawr, dyro gyfle i mi
wa! Nest ti'r blydi peth ar ras wyllt er mwyn y camera, a
dwi 'rioed wedi gweld deryn tu chwith allan o'r blaen!
Unwaith 'rioed weles i un byw o'r rhain o'r blaen, ac ro'n
i'n prysur chwydu allan o ganŵ ar y pryd, ond stori arall
ydi honno.' Ond ddeudis i'm byd, dim ond sbio'n gas ar
Richard a Jonathan oedd wedi dechrau rhowlio eu
llygaid yn arw, yn amlwg yn meddwl y bydden nhw wedi
gwneud llawer gwell job. Ia, ond roedd o dipyn anos nag
oedd o'n edrych, reit!

Ro'n i'n gorfod gwthio a thynnu'r croen yn ôl a mlaen
efo *forceps* wedyn, yna glanhau'r bol efo mwy o arsenic.
Ro'n i'n dechrau meddwl be fyswn i wir yn hoffi ei
wneud efo'r blydi stwff. Dyma osod y bol ffug, caled o
risgl coed yn ei le, yna trio stwffio'r weiars coesau
drwyddo fo. Iechyd, roedd hynny'n anodd. Roedd Jens
yn ysgwyd ei ben a thuchan go iawn rŵan. 'Dangos i mi
sut mae gwneud ta!' meddwn. Ond na, roedd o wedi
dangos i mi unwaith. Anadlu'n ddwfn. Reit ta, dyma drio
stwffio'r weiran oedd yn mynd drwy'r pen a'r gwddw i

157

dop y stumog. Mi wnes i lwyddo yn y diwedd, ond roedd pethau wedi symud oddi mewn. Hm. Roedd 'na siâp braidd yn od ar y fy mhâl rŵan. 'Nei di ei roi o yn y lle iawn i mi ta?' gofynnais. Gwrthododd.

Ro'n i wedi laru rŵan. Ro'n i'n chwys diferol a'r boi 'ma'n gwneud dim byd ond tuchan a thwt twtian wrth f'ochr i. Trio rhoi'r llygaid plastig i mewn efo *forceps* drwy'r pig wedyn. 'Na, dydyn nhw ddim yn iawn,' meddai Jens. 'Be sy'n bod efo nhw?' gofynnais, ond dim ond ysgwyd ei ben wnaeth o. Ceisio gwnïo'r stumog wedyn. 'Na, ti'n gwnïo'n rhy dynn.' Roedd ei law o yn y ffordd bob munud a finna'n llwyddo i'w bigo fo efo'r nodwydd bob tro. Yn ddamweiniol, wrth gwrs. Y dasg nesa oedd gosod yr adenydd yn eu lle cywir efo hoelion bychain a morthwl. 'Ddim fan'na mae'r adain i fod, naci!' medda fo'n bigog. 'Naci? Lle ta? Dangos i mi – plîs.' Ac roedd o'n gwrthod eto! Roedd o'n mynnu mod i'n gorfod dod o hyd i'r lle fy hun. 'Waldia'r hoelen rhwng y radiws a'r wlna pan fyddi di wedi gosod yr aden lle mae hi fod,' meddai. Sut dwi fod i wybod lle mae radiws ac wlna blwmin pwffin? Nid Iolo Williams mohonof, go fflamia. Roedd fy ngwddw'n sych, fy ngwefusau'n grimp ac ro'n i isio crio. Oni bai am y camera dwi'n meddwl y byswn i wedi deud wrtho fo i stwffio'i ff%@*& pwffin i fyny ei din.

Diolch byth, daeth yr artaith i ben o'r diwedd, a dyma sbio ar fy mhâl. Roedd o'n debycach i Quasimodo. Gewch chi stwffio stwffio adar. Ond do, mi wnes i brynu un (wedi'i stwffio ganddo fo, nid fi). Dwi'm yn siŵr iawn pam. Euogrwydd, falle. Mae o ar fwrdd y llofft ar hyn o bryd, yn sbio'n rhyfedd arna i.

Roedd Jens yn foi iawn, doedd o jest ddim yn athro. Unwaith roedd y stwffio drosodd (ac wedi i mi ddianc tu allan am awyr iach) roedden ni'n ffrindiau eto. Dros baned a chacen hyfryd wedi'i thaenu â chnau coco wedi eu carameleiddio, gawson ni hanes y brain lleol gan ei wraig. Ond ro'n i wedi blino gymaint erbyn hynny, dwi'm yn cofio dim o'r hyn ddywedodd hi heblaw bod 'na dri wedi cael eu cadw fel adar anwes yma, a'u bod nhw'n greaduriaid rhyfedd ar y naw.

Tra oedden ni'n aros am y fferi adre, mi fuon ni'n sbio ar garreg goffa Ove Joensen, dyn o Nolsoy rwyfodd yr holl ffordd at gerflun y fôr-forwyn fechan yn Copenhagen er mwyn casglu arian ar gyfer pwll nofio ar yr ynys. Mi gymerodd 41 niwrnod i gyflawni'r gamp, a boddi fu ei hanes dri mis yn ddiweddarach wrth bysgota. Yn ôl y sôn, wedi meddwi roedd o ac wedi syrthio i'r môr wrth drio piso dros ochr y cwch. Ond does 'na'm gair am hynny ar y garreg, wrth gwrs. A does 'na'm pwll nofio yma chwaith.

Ges i sioc ar ôl bwyta swper yn fy stafell. Ro'n i'n trio gwylio peth o'n hetholiadau ni adre ar y teledu, ond roedd o mor ddiflas nes i mi ddechrau fflicio drwy'r sianeli a chael haint o weld *hard core porn*. Rŵan, dwi'm yn sidêt o bell ffordd, ond roedd hwn yn anhygoel – mor *hard core* nes mod i'n wirioneddol embarasd, a dim ond y fi oedd yn y stafell. Ro'n i'n dal yn embarasd bore 'ma.

Heddiw, aethon ni i Kirkjubøur (sy'n cael ei ynganu rwbath tebyg i Tshusshchobyfy) i sgwrsio efo ffermwr 35 oed o'r enw Joannes Patursson. Am fod Roykstovan, ei gartref, yn 900 mlwydd oed, mae hanner y tŷ yn amgueddfa, ac iechyd, mae o'n smart. Mae'r tu mewn a'r tu allan wedi ei gadw'n union fel roedd o, ac mae'n debyg mai broc môr oedd y gwaith pren i gyd – rhyw long o Sweden wedi colli llwyth o goed, mae'n rhaid. Ond doedd y sgwrs ges i efo fo ddim yn llwyddiannus iawn achos dyn digon tawel a swil oedd o, yn rhoi atebion unsill yn aml. Doedd o ddim yn deledu da, felly, ac mi wna i fwyta fy het os caiff hynna ei gynnwys yn y rhaglen.

Mae ei ddefaid o'n pori ar wymon, gyda llaw. Ond gwymon sy'n llawn mineralau neu rywbeth – nes i'm dallt yn iawn.

O ia, ar y ffordd i Kirkjubøur, mi benderfynon ni dynnu i mewn i fan aros uwch ben un o'r *fjords* i ffilmio'r olygfa. Roedd 'na bic-yp yno eisoes, ac yn sydyn dyma'r ffarmwr 'ma a dau gi yn dod i'r golwg. Wedi holi be roedden ni'n neud a deall mai o Gymru roedden ni, cyhoeddodd mai Cymry oedd ei gŵn o hefyd – wedi eu prynu gan Glyn Jones, Ffarm Bod Isaf, Bodfari, ac mae o'n gorfod rhoi gorchmynion yn Gymraeg i un ohonyn nhw o hyd. Da, 'de?

7 Mai

Dwi ar yr awyren yn mynd yn ôl am adre rŵan, yn teimlo y gallwn i'n hawdd fod wedi aros o leia wythos arall yn Ynysoedd y Ffaroe. Mae'r lle wedi bod yn agoriad llygad go iawn, a fydda i byth yn gallu gwrando ar y *Shipping Forecast* yr un fath eto. Dwi'n gwybod am lle maen nhw'n sôn o'r diwedd!

Mi wnes i fwynhau'r tirwedd a'r lliwiau – nid dim ond lliwiau'r tai, ond mae 'na ryw olau rhyfedd yno hefyd, perffaith ar gyfer arlunwyr a ffotograffwyr ddywedwn i. Dydi'r lle byth yn mynd yn gwbl dywyll gyda'r nos rhwng Mai a dechrau Awst, ond mae'n dywyll iawn am amser hir yn y gaeaf. Ac mae'r awyrgylch yn unigryw, rhyw dawelwch braf, hynafol bron. Ond y bobl sy'n gwneud unrhyw wlad yn arbennig, ac mi wnes i gymryd yn arw at bobl y Ffaroes. Dwi'n licio'r ffordd maen nhw'n siarad – yn bwyllog a thawel, yn oedi i feddwl cyn deud dim: 'In a small society one must speak softly,' meddan nhw. A dydyn nhw ddim yn gorfod deud llawer i ddeall ei gilydd. Arwydd o gymdeithas sy'n nabod ei hun yn dda, debyg.

Dydyn nhw ddim yn or-hoff o reolau, yn enwedig rheolau sy'n cael eu gosod o'r tu allan. Dyna i chi'r busnes hela morfilod; ceisiodd John egluro'r sefyllfa wrtha i yn araf a phwyllog, ond ro'n i'n gallu gweld ei fod o dan deimlad. 'Mae'r rhan fwya o bobl y Ffaroes yn ffyrnig o blaid yr hawl i'w hela,' meddai; 'rydan ni wedi hela morfilod yma am flynyddoedd, mae'n rhan o'n diwylliant ni. Iawn, rydan ni wedi rhoi'r gorau i hela'r rhai mawr; dim ond morfilod peilot sy'n cael eu dal yma bellach, ond mae hynny'n dal i wylltio pobl o wledydd eraill Ewrop. Maen nhw wedi rhoi enw drwg i ni ac yn trio deud ein bod ni'n bobl greulon a dideimlad. Ond fedri di'm byw fan hyn heb ddod i ddallt natur,' meddai'n ffyrnig o dawel. 'Dan ni'n gwbod faint o forfilod sy 'ma, a dan ni byth yn lladd mwy nag sy raid, digon i'n bwydo ni, dyna i gyd. Pa hawl sydd gan bobl ym Mrwsel, pobol sy'n dallt dim am fywyd y Ffaroes, ddeud wrthan ni be gawn ni a be gawn ni ddim ei fwyta?'

Mae'n sefyllfa debyg i'r ymladd teirw yn Sbaen mewn ffordd, dim ond nad adloniant ydi hela morfilod. A dydw i ddim yn mynd i fod yn wleidyddol gywir dim ond er mwyn bod yn wleidyddol gywir: y mwya'n dwi'n ei weld a'i ddysgu, y mwya dwi'n teimlo bod gan bobl yr hawl i'w ffyrdd a'u diwylliant eu hunain ac na ddylen ni eu beirniadu yn ôl ein rheolau ni. Fydden ni ddim yn hapus tase rhywun yn beirniadu ein ffordd ni o fyw a cheisio ein gorfodi i newid, fydden ni?

'To us, culture is everything.' Dyna ddarllenais i mewn llyfr sgwennwyd gan blant ysgol lleol. 'It is right versus wrong; it is all our activities within the community – [ymysg nifer o bethau eraill] our language, our national costume, the Faroese chain dance, being late [maen nhw wastad yn hwyr mae'n debyg], pilot whale hunting, the old ballads, woollen long johns, the brown sweaters, the weather, the literature and the hospitality.'

Maen nhw'n bobl wahanol, yn bobl falch ac yn bobl hynod groesawgar, ac mae ganddon ni dipyn i'w ddysgu ganddyn nhw ynglŷn â chadw iaith yn fyw. Hunan-barch ydi llawer ohono fo, a dwi'n tynnu fy het iddyn nhw.

ewrop
yr alban

17 Mai

Dwi ar y cymal olaf o'r daith rownd y byd rŵan. Dwi wedi blino, ond ddim hanner cymaint â'r llynedd gan fod y teithiau'n llawer byrrach y tro yma, ac mae'r diwedd ar y gorwel! Wel, bron iawn – mae'r Alban 'ma'n wlad hir. Dwi wastad yn anghofio pa mor anhygoel o bell ydi hi i'r topiau 'ma. Mae Richard a Jonathan wedi bod yn gyrru i fyny yma efo'r gêr i gyd ers bore ddoe, ond mi ges i hedfan o Fanceinion i Inverness heddiw, oedd yn hynod o sydyn, ond ges i dipyn o sioc o gael fy archwilio ym maes awyr Inverness. Y sach fynydda oedd y broblem – garantîd. Mae'n gwneud i mi edrych yn fwy fel hipi na phan dwi'n defnyddio fy magiau arferol, mwy sidêt.

Llogi car wedyn, ond roedd yr hogan yn Hertz angen bom dan ei thin; roedd hi mor swta a sych ac yn siarad mor gyflym, do'n i'n dallt fawr ddim. Pan ofynnais i pa ffordd ddylwn i fynd, ges i lond pen o 'Right-left-left-right-left' – fel AK 47 yn union. Dwi'n amau mai'r sach fynydda oedd y broblem eto. Fyddai hi byth wedi siarad fel'na efo fi tase gen i *briefcase*.

Ond mi wnes i fwynhau fy nhaith o Inverness i Durness (sydd reit yn y gornel uchaf ar y chwith wrth i chi sbio ar y map) yn arw. Roedd yr awyr yn las, yr haul yn tywynnu ac ro'n i'n gyrru heibio arwyddion dwyieithog, baneri'r Alban, o leia un castell a llwyth o lochs. Wedi pasio Ullapool, oedd yn edrych yn wirioneddol hyfryd yn yr haul, rois i lifft i ryw foi oedd yn bodio efo sach fynydda. Ia, dwi'n gwybod nad ydi merched ar eu pennau eu hunain i fod i wneud hynna, ond dwi'n gyn-fodwraig fy hun ac roedd o'n edrych fel boi normal, ac ro'n i awydd cwmni. Alan oedd ei enw o, a myn diawl, awdur a dramodydd oedd o sy'n dod i fyny i'r topiau 'ma i gerdded bob hyn a hyn. Wedi sgwrs hynod ddifyr, mi wnes i ei adael wrth y tro am rywle yn dechrau efo Ki-, ac ymlaen â fi am y môr. Roedd y golygfeydd mor wefreiddiol bellach, mi wnes i stopio jest i anadlu'r awyr a sbio.

Mi ddois i o hyd i'r Smoo Cave Hotel yn gwbl ddidrafferth, ond 'Sorry,' meddai dynes y lle, 'your rooms aren't ready.' O. Finna'n meddwl ei bod hi'm wedi cael cyfle i wneud y gwelyau a llnau'r sincs. Naci – doedd y llofftydd ddim yn barod oherwydd nad oedd llofftydd. Dim gwelyau, dim sinc, dim byd. Pan gymeron nhw'r bwcing wythnosau'n ôl, roedden nhw wedi meddwl y byddai'r adeilad yn barod erbyn i ni gyrraedd. Clwy'r Costas Sbaenaidd wedi taro Costa Môr y Gogledd. Be nesa? Diolch byth, roedd ganddi B&B i lawr y ffordd, ac roedd hi'n ddynes annwyl ofnadwy. A duwcs, mae 'na rywbeth yn braf mewn bod mor ffwrdd â hi.

Ffoniodd y lleill i ddeud y bydden nhw'n hwyr oherwydd fod ganddyn nhw ddwy deiar ddiffygiol, felly es i draw am y gwesty i gael swper ar fy mhen fy hun. Roedd y 'fried haddock' yn anffodus yn golygu 'haddock deep fried in batter'. Ro'n i wedi anghofio bod yr Albanwyr yn tueddu i wneud hynny efo pob dim, a chan na fydda i byth yn bwyta pethau felly ro'n i'n teimlo reit sâl ar ei ôl o. Ges i wahoddiad i chwarae pŵl efo rhyw foi o Lancaster o'r enw Stuart wedyn. Mae o yma i redeg yn y Cape Wrath Challenge, ond er ei fod o'n athletwr, doedd o ddim yn gallu chwarae pŵl. Mi wnes i ei guro fo 3–0.

18 Mai

Er ei bod hi'n haul braf drwy'r dydd, roedd hi'n rhyfeddol o oer. Ffilmio golygfeydd o'r traethau hyfryd a'r mynyddoedd fuon ni heddiw, a chael sgwrs efo John Morrison, hen foi o Ynys Harris yn wreiddiol, am sefyllfa'r iaith Gaeleg yn y pen yma o'r Alban. Yn y bôn, mae hi wedi marw: dim ond John a rhyw ddynes 93 oed sy'n ei siarad yma bellach. Mae'r peth fel rhywbeth allan o *Wythnos yng Nghymru Fydd*, Islwyn Ffowc Elis. Ond dydi'r iaith ddim wedi marw ymhob man. Roedd cyfrifiad 2001 yn dangos fod yr iaith yn diflannu yn yr ardaloedd lle roedd hi'n arfer bod yn gryf – fel yr Ucheldiroedd, yr Ynys Hir ac Argyll a Bute – ond yn cynyddu mewn 22 o ardaloedd eraill. Rhwng 1991 a 2001, disgynnodd y nifer oedd yn gallu siarad yr iaith, ond roedd 'na fwy yn gallu ei darllen. Drwy'r Alban i gyd, roedd 'na 430 yn fwy o blant rhwng 5 a 9 oed yn gallu ei siarad yn 2001, ond roedd 'na 54% yn llai o bobl ifanc rhwng 15 a 24 oed yn yr Ynys Hir yn medru'r iaith. Felly mae'n sefyllfa ddigon tebyg i Gymru, yr iaith yn dirywio ymysg pobl ifanc Pen Llŷn a Meirionnydd ond yn cynyddu ymysg plant bach Caerdydd. Ond mae'n sefyllfa ni yng Nghymru yn llawer iawn cryfach, wrth reswm. Roedd John druan yn drist iawn ynglŷn â'r dirywiad ac yn rhoi'r bai i gyd ar yr awdurdodau addysg lleol.

Mae 'na dipyn o bethau i'w gweld yn Durness, mae'n debyg, ond welson ni mo'nyn nhw. Mae modd ymweld ag ogof Smoo, ond mae hi braidd yn dywyll yno ar gyfer camera teledu. Mae 'na ganmol i'r cwrs golff hefyd. Un o ymwelwyr enwocaf yr ardal oedd John Lennon; roedd ganddo gefndryd yma, mae'n debyg, a bob haf nes ei fod o'n 17, byddai'n teithio gyda bws o Lerpwl i dreulio tair wythnos ar eu crofft bychan nhw.

Mae Richard wedi derbyn y ffordd o fyw yma'n syth: mi gafodd haggis ac Irn-bru i swper.

19 Mai

Codi'n gynnar i ddal y fferi i Cape Wrath (sy'n cael ei ynganu fel 'Rath') am naw. Roedden ni ar y lanfa ddeg munud yn gynnar jest rhag ofn, ond doedd 'na'm golwg o unrhyw fath o fferi. Am hanner awr wedi naw, mi benderfynodd rhyw foi ffonio dyn y fferi. Cyrhaeddodd hwnnw yn ei gar tua 10 o'r gloch a brwydro'i ffordd drwy'r llanw mewn cwch bychan, bach, at gwch oedd ddim llawer mwy. Nid dyma'r fferi, 'rioed? Ia, cofiwch. Wel, ro'n i isio chwerthin wrth gwrs, ond doedd Richard ddim. Roedd o'n poeni am y camera – maen nhw'n bethau drud a dydyn nhw ddim yn or-hoff o ddŵr hallt. Ond pan chwipiodd hymdingar o don dros ochr y cwch – a thros Richard a'r camera, allwn i ddim peidio â chwerthin eto. Roedd yn rhaid iddo yntau wenu yn y diwedd, a dydi'r camera ddim gwaeth fel mae'n digwydd.

Wedi croesi'r dŵr, i mewn â ni i fws mini a chael ein hysgwyd am 12 milltir dros dir sy'n cael ei fomio gan y Weinyddiaeth Amddiffyn, heibio peiriannau militaraidd rhydlyd, tai wedi eu cau i fyny efo arwyddion: 'Danger – property of MOD', a heibio grug a defaid i'r Goleudy sydd ar y pegwn eithaf; y goleudy adeiladwyd gan Robert Stevenson yn 1828. Tydi o fawr o oleudy, a bod yn onest, ond roedd y baned gawson ni yno gan y ddau foi oedd yn trwsio to rhyw adeilad arall oedd wedi colli llechi mewn gwyntoedd o 150 milltir yr awr (dal efo fi?!) yn neis iawn. Ond roedden nhw'n gadael yn syth ar ein holau ni; roedden nhw wedi cael llond bol o'r holl wynt. Mae'r tywydd a'r môr, fel mae'r enw Cape Wrath yn ei awgrymu, yn gallu bod yn wyllt iawn yma. Gwyllt ydi'r tirwedd hefyd, ond mae'n rhyfeddol o brydferth ac yn llawn bywyd gwyllt. Mae'n lle hyfryd i fynd i gerdded a gwersylla os dach chi isio llonydd go iawn, ac mae 'na draethau bendigedig os oes ganddoch chi'r amser i frwydro am filltiroedd drwy'r grug tuag atyn nhw (a siwt *neoprene* drwchus os am nofio yn y môr), ond do'n i'm yn gweld yr apêl mewn picio i weld goleudy ar fws mini, fy hun. Ond dyna fo, tydan ni'm i gyd yn gwirioni'r un fath nac yn ysu am grys T sy'n deud 'I've been to the most north-westerly point on the British mainland'.

Ymlaen â ni am y de drwy olygfeydd gwirioneddol odidog (ro'n i wedi eu gweld nhw unwaith yn barod ar y ffordd i fyny, wrth gwrs, ac yn dal wedi fy hudo), i Inchnadamph a gwesty ar lan Loch Assynt. Does 'na'm teledu na ffôn yn y llofft, a does 'na'm signal ffôn symudol yma chwaith, ond mae'r olygfa o ffenest fy llofft yn wych, a cheirw'n pori'n dawel yn y cae. Mae'r lle'n f'atgoffa braidd o raglen *The Monarch of the Glen*. Dyn ifanc efo acen Seisnig sy'n rhedeg y lle ers blwyddyn a hanner, ac yn ceisio codi'r lle'n ôl ar ei draed yn ara bach. Mae'n debyg bod y bois lleol wedi cymryd ato fo'n arw am ei fod o'n nytar sy'n taflu ei hun oddi ar y mynyddoedd efo paragleidar bob hyn a hyn, ac yn rhoi stafell iddyn nhw aros pan fyddan nhw wedi yfed gormod i yrru adre.

Ges i gêm o pŵl yn erbyn Jonathan ar ôl swper. Roedd hi'n gystadleuaeth agos, ond fo enillodd 2–1. Lwcus oedd o, wrth gwrs.

20 Mai

Ar ôl brecwast anferthol yn cynnwys uwd (wrth gwrs) a phwdin gwaed deuliw (nid yn yr un powlen), dyma ddisgwyl am fy athro pysgota plu – Calum Millar.

Roedden ni'n ei glywed o cyn ei weld o. Mi gerddodd o'r ffordd fawr yn chwythu'i fagpeips dros y lle. Ro'n i'n ei licio fo'n syth, hyd yn oed efo'r farf odia welais i erioed ar ên neb. Meddyliwch am fwstásh Hitler; dychmygwch ei fod o ar ên y boi 'ma, ond yn rhedeg am i lawr yn lle ar draws, a'i fod o'n goch. Ia. Ddeudis i ei fod o'n od. Roedd Calum yn gymeriad, yn fab i gipar (slaff o foi mawr efo barf hir goch, medda fo), yn gwneud chydig o bob dim drwy'r gaeaf (yn cynnwys cryn dipyn o yfed, synnwn i damed) a mynd ag ymwelwyr i hela a physgota bob haf, ac roedd o'n athro amyneddgar iawn. Doedd gen i fawr o awydd blwmin pysgota plu cyn dechrau a bod yn onest, a doedd gen i fawr o hyder ar ôl methu dal affliw o ddim yn y gystadleuaeth bysgota yn Seland Newydd, ond pysgota diflas oedd hwnnw. Mae pysgota plu yn fater cwbl wahanol, mae 'na dechneg a steil iddo fo, a dach chi byth bron yn llonydd. Dach chi'n chwipio'n ôl a chwipio mlaen, tynnu'r plu'n ôl atoch chi a chwipio eto, drosodd a throsodd. Mae 'na rywbeth hypnotig amdano fo. Wnes i 'rioed freuddwydio y byddwn i o bawb yn cymryd ato fo, ond mi wnes. Efallai bod y lleoliad, bron at fy mhengliniau yn Loch Assynt, y mynyddoedd yn biws a brown a gwyrdd o nghwmpas ac adfeilion Castell Ardvreck (cartref y MacLeods yn y 15fed ganrif) o mlaen i wedi ychwanegu at y profiad, dwn i'm. Y cwbl wn i ydi mod i wedi ymlacio'n braf a mwynhau pob eiliad. Roedd cwmni Calum yn rhan bwysig ohono fo hefyd.

Wnes i ddal rhywbeth? Naddo! Ond nid dyna'r pwynt, iawn? Triwch ddallt.

Gyrru mlaen i Fort William wedyn. Mae'n dwll o dre yn fy marn i, yn ddim byd ond caffis a siopau dillad awyr agored, ond fan'ma mae Ben Nevis, ac rydan ni fod i ddringo hwnnw fory. Gawn ni weld – mae'r dyn tywydd yn addo glaw, glaw a mwy o law. Ac, a bod yn onest, mi fydda i'n falch os fydd hi'n rhy wlyb a thywll. Mae Ben

Nevis yn lwmp o fynydd: 1,344 metr/4,406 troedfedd, ac mae'n bosib bod yr enw'n dod o hen air Gaeleg sy'n golygu 'gwenwynig'.

Dwi wedi ei ddringo o'r blaen, yn y rhew a'r eira rhyw ddeuddeg mlynedd yn ôl, a bu bron iddo fy lladd. Nid am mod i ddim yn ddigon ffit, naci, ond am mod i wedi mynd braidd yn ffwrdd â hi yn dringo i lawr ochr serth Aonach Mor. Mi fachodd un o bigau blaen fy nghrampons yn fy nhrowsus rhywsut, a dyma fi'n baglu a syrthio ar fy mhen i lawr ochr y mynydd. Ro'n i wedi dysgu sut i achub fy hun efo fy mwyell – ond ar elltydd bach clên oedd hynny. Doedd disgyn ar gan milltir yr awr i lawr clogwyn ddim ar fy CV i. Ond rhywsut, mi lwyddais i blannu blaen y fwyell i mewn i'r eira – a llwyddo i ddal yn sownd pan ges i fy nhroi ar 180 gradd mewn chwinciad o'r herwydd; wedyn, rhywsut, rhywfodd, llwyddo i godi fy hun fel bod fy mhwysau dros y fwyell yn hytrach nag yn hongian oddi tani, ac o'r diwedd, wedi cael fy ysgwyd am oes nes ro'n i'n clecian, dyma ddod i stop. Argol, ro'n i'n crynu. Mi gymerodd sbel i mi gael y gyts i blannu nhraed i mewn i'r eira rhag ofn i mi styrbio'r fwyell a dechrau llithro eto. Dwi'n cofio sbio i lawr a gweld creigiau duon, milain oddi tanaf, a llyncu'n galed. Cofio hefyd glywed llais ym mhell, bell uwch fy mhen i yn y niwl yn gweiddi 'Are you alright, Bethan?' a finna'n methu dod o hyd i fy nhafod i ateb yn syth. Ond mi ddois i lawr yn ddiogel (wedi i nghoes chwith i stopio crynu), a dringo Ben Nevis a mwynhau fy hun yn arw. Do'n i'n falch mod i'n dal yn fyw?! Ond, dydi'r ben-glin ddim be oedd hi rŵan, a dwi'n croesi mysedd y bydd hi'n dywydd ciami fory.

21 Mai

Ro'n i'n falch iawn, iawn pan benderfynwyd nad oedd pwynt trio ffilmio copa Ben Nevis mewn niwl. Ac ro'n i hyd yn oed yn fwy balch pan benderfynwyd mynd i'r Ice Factor yn Kinlochleven yn lle hynny. Dyna i chi le. Hen bwerdy a adeiladwyd gan yr un cwmni â'r un a fu yn Nolgarrog ydi o, ond mae 'na foi o'r enw Simon Powell a'i ffrindiau wedi creu canolfan ddringo wych yno. Mae 'na hyd yn oed stafell fel rhewgell anferthol lle gallwch chi ymarfer dringo rhew efo'ch bwyell a'ch crampons. Does dim rhaid i chi fod â phrofiad, mi wnaiff y staff yno eich dysgu a rhoi benthyg yr offer i gyd i chi. Ew, mi wnes i fwynhau. Ro'n i reit nerfus ar y dechrau, gan mod i heb ddringo fel'na ers 1992, ond duwcs, mae o fel reidio beic. Heblaw mod i'n cicio fymryn gormod efo nhraed ac yn tasgu rhew dros bawb. Lle gwych, a syniad bendigedig ar gyfer ailddefnyddio hen bwerdy.

Er bod Fort William yn dwll, mae'n hynod boblogaidd efo ymwelwyr ac roedd trio cael lle i swpera heno bron yn amhosib. Gawson ni Indians yn y diwedd. Ond os ydi hi fel hyn ym mis Mai, sut mae hi yno ganol Awst?

22 Mai

Gyrru am Ynys Arran drwy olygfeydd godidog Glen Coe bore 'ma. Mae'n gwm bendigedig, ond os ydach chi'n gyfarwydd â hanes trist cyflafan Glen Coe, allwch chi ddim peidio â gadael i hynny liwio'r ffordd rydach chi'n teimlo yno. Os ydach chi'n gyfarwydd â hi, trowch y dudalen, ond os nad ydach chi, dyma'r hanes yn fras.

Roedd y MacDougalls a'r Campbells yn gymdogion, ac wedi bod yn ffraeo a dwyn gwartheg a thir oddi ar ei gilydd – a lladd ei gilydd – ers cenedlaethau lawer. Ym mis Awst 1691, cynigiodd William III, Brenin Lloegr, bardwn i bob clan o'r Ucheldiroedd fu'n brwydro'n ei erbyn neu'n dwyn oddi ar eu cymdogion, ar yr amod eu bod nhw'n tyngu llw i fod yn ffyddlon iddo fo erbyn Ionawr 1af 1692. Roedd y Campbells eisoes wedi ochri efo'r goron, ond roedd Alastair, pennaeth y MacDonalds ar y pryd, yn hen, yn ffwndrus – ac yn styfnig. Does 'na neb yn hollol siŵr ai'r tywydd oedd ar fai, neu y fo, ond roedd o'n hwyr yn arwyddo'r cytundeb. Gyrrwyd byddin i'w setlo – oedd yn digwydd cynnwys rhai o blith clan y Campbells. Ond doedd y MacDonalds ddim callach eu bod yn hwyr efo'r cytundeb, a dyma nhw'n rhoi croeso i'r milwyr, gan roi llety, bwyd a diod iddyn nhw am ddeg diwrnod. Ac yna, daeth y gorchymyn oddi fry i ladd pob MacDonald dan 70 erbyn 5 y bore wedyn. Llwyddodd cannoedd i ddianc, ond lladdwyd 38 ohonyn nhw, yn blant a hen bobl. Meddyliwch – lladd y plant roeddech chi wedi bod yn eu gwylio'n chwarae ers deg diwrnod. Mi fu pethau'n anodd rhwng y ddau deulu am hir iawn wedyn, fel y gallwch ddychmygu, ond mae'n debyg bod pawb wedi anghofio a maddau erbyn heddiw. Ond mae 'na eraill yn deud bod ambell FacDonald yn dal i wrthod eistedd wrth ymyl un o'r Campbells. Haws beio'r dyn drws nesa na Brenin Lloegr, beryg.

Ond mae Glen Coe yn fwy na'r hanes hwnnw. Maen nhw'n deud mai dyma gartref Fingal, un o'r arwyr Celtaidd mwya, a thad Osian y bardd. Mae 'na ogof wedi ei henwi ar ôl Osian ymhell uwch ben y loch, ond dim ond dringwyr profiadol all ei chyrraedd hi. Ac os dach chi'n cofio stori *Kidnapped*, R. L. Stevenson, mae 'na gofgolofn i James of the Glen yma, sef y gŵr gafodd ei grogi ar gam yn 1752 am ladd Colin Roy Campbell, 'y Llwynog Coch'. Ac mae 'na graig go wastad lle cafodd y Frenhines Victoria ei phicnic enwog yn 1873 efo John Brown wedi i'w gŵr farw. Dim ond ffrindiau oedden nhw, ond roedd 'na sgandal mawr ar y pryd, ac mae'r hanes yn y ffilm *Mrs Brown* efo Judi Dench a Billy Connolly yn chwarae'r prif rannau.

Dros y dŵr wedyn i Ynys Arran, ac aros yng ngwesty bach taclus, cysurus Glen Artney, lle roedd y perchennog yn nabod Dolgellau'n iawn – roedd o'n arfer bod yn 'rep' i Lowe Alpine, ac wedi bod yn ein siop awyr agored ni sawl gwaith. Draw â ni am swper i dafarn i fyny'r ffordd – a ges i dipyn o sioc pan ddaeth Jonathan yn ôl o'r lle chwech. Roedd o wedi cyfarfod Cymry Cymraeg yno – ffermwyr o ardal Cerrigydrudion, Ysbyty Ifan a Llanrwst! Trip blynyddol y gangen NFU oedd hwn, ac roedd Trebor Edwards yn un ohonyn nhw, rhywun dwi'n ei nabod ers blynyddoedd, ond roedd o eisoes wedi mynd i'w wely'n hogyn da. Mi ga i ei weld o fory, meddan nhw, ac mi gaiff o goblyn o sioc. Mae'r byd 'ma'n gwbl hurt o fach.

23 Mai

Ynys fechan 20 milltir o hyd ydi Arran, efo mynyddoedd a lochs yn y gogledd a bryniau a chaeau yn y de, a phentrefi bychain hynod dlws yma ac acw. Ac maen nhw'n deud mai fan hyn mae'r union ogof lle gwelodd Robert the Bruce ei bry cop. Robert Bruce oedd Brenin yr Alban fu'n brwydro'r erbyn Lloegr a'r Brenin Edward. Mi gafodd ei goroni yn Scone yn 1306, ond wedi colli brwydr yn erbyn y Saeson, cafodd ei wraig a'i deulu eu dal a'u rhoi mewn caets. Mae'r stori'n deud bod Bruce wedi treulio'r gaeaf hwnnw ar ei ben ei hun mewn ogof ar Ynys Arran yn gwylio pry copyn yn ceisio adeiladu gwe. Bob tro y byddai'r we yn malu, byddai'r pry copyn yn dechrau arni eto ac mi gymerodd Bruce hynny fel neges neu wers. Dechreuodd frwydro eto gan ennill rheolaeth lwyr dros yr Alban ym mrwydr Bannockburn yn 1314.

Gaeleg oedd iaith yr ynys tan ddiwedd y 19eg ganrif, ond dim ond llond llaw sy'n gallu ei siarad bellach. Doedd y 'Clearances' ddim yn help. Doedd pethau ddim cynddrwg fan hyn ag oedden nhw yn yr Ucheldiroedd, ond bu'n rhaid i draean o'r boblogaeth adael eu ffermydd bychain i wneud lle i ffermydd mwy – a defaid. System *runrig* oedd yma tan hynny, sef math o loteri o ddarnau o dir fyddai'n cael ei gynnal bob blwyddyn fel bod y tir da a'r tir salach yn cael ei rannu'n deg rhwng pawb. Y 'run' oedd y rhych fyddai'n cael ei dorri gan yr aradr a'r 'rig' oedd y llwybr roedd o'n ei gymryd, felly dyna egluro ystyr enw'r band Albanaidd Runrig o'r diwedd.

Aeth y rhan fwya i Ganada, gan fod perchennog y tir yn cynnig talu hanner y ffi a'r Llywodraeth yn fodlon rhoi can acer o dir i bob teulu wedi iddyn nhw gyrraedd. Ond tir llawn coediach oedd hwnnw a bu'n rhaid i'r cenedlaethau cynta weithio'n ofnadwy o galed er mwyn gallu cynnal eu hunain.

Yma i astudio'r ffermydd presennol a'u dulliau o amaethu mae criw'r NFU, meddan nhw, ond pan welais i nhw'n dringo i mewn i fws Caelloi bore 'ma, dwi'n eitha siŵr bod 'na ffatri wisgi ar yr amserlen. Ond roedd Trebor yn gwadu hynny'n llwyr, a phwy ydw i i ddeud yn wahanol.

Crwydro Bae Brodick mewn kayak môr efo Richard a dyn gwalltgoch (arall) o'r enw Calum fues i. Doedd y tywydd ddim yn wych ond aethon ni amdani beth bynnag, ac mi ges i fodd i fyw. Alla i'm deud wrthach chi gymaint ro'n i'n edrych ymlaen at hyn; dwi wedi mynd rownd y byd ddwywaith, a dyma'r tro cynta i mi gael mynd mewn kayak – fy hoff ddull o deithio! Oherwydd cyfyngiadau amser, aethon ni ddim yn bell iawn, ond roedd yr ychydig wnes i'n falm ar fy enaid. Mae'n anodd disgrifio pam. Am fod eistedd mewn kayak yn gwneud i chi deimlo'n un â'r môr? Am fod y corff yn cael gweithio a chwysu a'ch pen yn cael awyr iach go iawn? Dwi'm yn gwybod, ond dwi jest wrth fy modd yn padlo, ac mi roddodd y morloi sioe dda i ni hefyd. Maen nhw'n cadw'n ddigon pell o gychod sydd ag injan, ond wrth eu bodd yn chwarae efo kayaks.

Hogyn o West Kildare ydi Calum, sydd wedi dechrau busnes Arran Adventure efo'i ffrind, Donal Boyle, sy'n byw ar Ynys Arran ers pan oedd o'n 14 oed, ond yn dal ddim wedi cael ei dderbyn fel un o'r hogia lleol medda fo. Rhywbeth tebyg i Ynys Môn a Llanuwchllyn, felly.

Maen nhw'n cynnig pob math o weithgareddau yma: dringo, beicio mynydd, snorclo, 'canyonio' (ffordd ddifyr o fynd i fyny ac i lawr afonydd), hwylio, rhuthro i lawr ochr mynydd ar fath o sglefrfwrdd – bob dim. Mae 'na ddigon o fynyddoedd i'w cerdded hefyd, felly os dach chi'n chwilio am wyliau awyr agored, mae Arran yn berffaith. Does 'na'r un copa'n ddigon uchel i fod yn Munro (mynyddoedd dros 3,000 troedfedd sy'n cael eu 'bagio' gan fynyddwyr brwd sydd am ddringo'r cwbl) ond mae 'na bedair Corbett (mynyddoedd dros 2,500 troedfedd sydd ddim cweit mor enwog).

Mae 'na ddigon i blesio haneswyr yma hefyd; digon o gestyll ac amgueddfeydd a meini hirion, ac ar ôl cinio aethon ni draw i ogledd yr ynys i bentref Lochranza i weld hen gastell gafodd ei adeiladu ryw dro rhwng 1200 a 1250. Does 'na fawr o hanes iddo chwaith, ond mae'n ddel iawn a phentre Lochranza ei hun yn lle delfrydol i fynd am dro yn yr heulwen. A dwi wedi clywed y gwcw ymhob rhan o'r ynys hyd yma, ond 'swn i'n taeru bod 'na ddwsinau ohonyn nhw yn Lochranza. Neu mae 'na un sy'n canu'n uwch nag unrhyw gwcw glywais i erioed.

24 Mai

I'r de o ynys Arran, mae 'na ynys fechan iawn o'r enw
Holy Isle, cartre mynachod Cristnogol erstalwm, sydd
bellach yn encilfa Bwdhaidd. Mae ar agor i unrhyw un
sydd am aros yno, ac mae 'na gyrsiau myfyrio, T'ai Chi a
yoga yno gydol y flwyddyn. A heddiw, ges i fynd yno am
wers yoga efo Fiona Macgovern, athrawes yoga gafodd ei
gwers gynta hithau yma ar Arran pan oedd hi'n bymtheg.

Roedd o'n brofiad bendigedig – tase'r bali camera 'na
ddim i fyny nhrwyn i (a rhannau tipyn mwy ohona i) bob
munud. Mae'n anodd ymlacio pan mae'ch pen-ôl chi yn
yr awyr a chithau'n gwybod y bydd y cwbl i'w weld ar
S4C cyn Dolig. Fel petai. Ond unwaith roedd Richard a
Jonathan wedi cael digon o ffilmio, mi ges i ymlacio go
iawn. Dwi wedi rhoi cynnig ar yoga o'r blaen, efo dyn,
ond do'n i'm yn or-hoff ohono a deud y gwir. Roedd o'n
rhy anodd a gwrywaidd o'r hanner ac yn andwyo fy
mhen-glin giami i. Ond mae gan Fiona ddull hynod braf
a hamddenol; mi lwyddodd i gael gwared â'r tensiynau
yn fy mhen a'm hysgwyddau, ac mae sens yn deud bod fy
nghorff a mhen i'n dechrau blino wedi'r holl deithio. Ond
dwi bron iawn, iawn â gorffen, ac yn lle gorffen fel
brechdan, dwi wedi dod ataf fi fy hun eto. Mi fyswn i'n
mynd yn ôl am wers yoga efo Fiona unrhyw ddiwrnod.

Mae 'na rywbeth yn deud wrtha i y bydda i'n dod yn ôl
i fan'ma hefyd, ond rydan ni'n gorfod gadael ben bore
fory – ar yr un fferi â ffermwyr Dyffryn Clwyd. Wedyn mi
fyddan nhw'n mynd adre ar y bws, yr hogia'n gyrru'n ôl i
Abertawe efo'r gêr, a finna'n gyrru adre ar fy mhen fy
hun bach i ddad-bacio a golchi dillad a dringo i mewn i
ngwely hyfryd fy hun a chysgu am hir iawn, iawn.

O, a dwi newydd glywed bod S4C wedi gofyn am daith
arall. Ydw i isio mynd? Wrth gwrs mod i!